Albert BEDU

Petit Évangile

de la

Pensée Libre

―◆―

Prix : 25 centimes

―◆―

Saint-Amand

Imprimerie de l'« Avenir du Cher »
45, rue Lafayette

Albert BÉDU

Petit Evangile
de la
Pensée Libre

PRIX : 25 CENTIMES

SAINT-AMAND

Imprimerie de l'" AVENIR DU CHER "
45, RUE LAFAYETTE, 45

Avertissement

En écrivant ces lignes, je n'ai ni l'intention ni la prétention de faire un traité de sciences positives. Je veux simplement essayer de démontrer non seulement l'inanité philosophique, mais encore le danger social des dogmes religieux, tant en ce qui concerne la morale, qu'en ce qui a trait aux conditions matérielles de l'existence en Société.

Je ne chercherai pas, pour m'exprimer, de formules savantes, trop souvent ténébreuses aux oreilles des masses. C'est au grand nombre que je m'adresse surtout, et le grand nombre n'a pas toujours des loisirs ni une bibliothèque suffisamment pourvue pour lui permettre d'éclaircir ce qu'il n'a pu étudier.

Aussi bien, m'efforcerai-je d'être aussi clair et bref que possible, ne ménageant rien, pourtant, de ce qui peut apporter au sujet, quelques rayons de lumière.

Tout en me limitant dans le domaine du démontré, je serai parfois amené à des dissertations abstraites; là encore, je rechercherai les formules les plus rationnelles, m'appuyant sur les meilleures pensées des grands maîtres, et si, d'aventure, se glissent de mes propres aperçus, je ne prétends les donner qu'à titre d'opinion personnelle. Je parlerai en penseur qui expose, qui discute, et non en maître qui dicte et qui impose.

J'estime que, philosophiquement, et indépendamment des conséquences matérielles que ses diverses interprétations peuvent entraîner, le problème des commencements et des fins est le plus intéressant de ceux qui se soient jamais posés à l'esprit humain. Nul n'a le droit de s'en désintéresser, sous peine de violer la logique. Chacun doit avoir à cœur de rechercher le *comment* des choses, le *pourquoi* de son existence. La nature nous a doués d'une intelligence qui nous permet l'examen, nous plaçant, de ce fait, au-dessus de tous les êtres ; nous avons le devoir d'user de cette intelligence ; le contraire serait un crime de lèse-humanité.

Nous devons donc rechercher comment, pourquoi nous sommes. Et, dans cette recherche, guidés, soutenus par les Génies immortels que les générations passées ont enfantés avant nous, nous devons nous faire une opinion personnelle, basée sur l'étude et sur le raisonnement, et ne pas accepter bénévolement les théories plus ou moins erronées consacrées par la routine.

C'est dans le but de mettre sur le chemin de la vérité les cerveaux obscurcis par le mensonge, que je veux exposer, dans ce « Petit Evangile de la Pensée Libre », quelques aperçus des études de nos devanciers et de nos contemporains ; je m'efforcerai de tracer une rapide esquisse de l'évolution des idées a travers les siècles, depuis les âges primitifs jusqu'à nos jours, et j'espère arriver à démontrer que, dans les religions qu'on veut à tout prix nous imposer, et pour lesquelles a coulé en pure perte, tant de sang parfois généreux, il ne faut voir que mensonge, ambition, esprit de domination.

Si cette petite brochure est susceptible de faire jaillir quelques nobles étincelles dans des cerveaux qu'alors égarés par une fausse éducation, ou mal conseillés par le préjugé, je me trouverai largement récompensé.

A vous, lecteurs, de me dire si j'aurai réussi.

Albert BÉDU.

Petit Evangile

DE LA

Pensée Libre

--->•<---

CHAPITRE PREMIER

De l'origine de notre Système et de la formation de la Terre

Quel est le travailleur qui, la journée finie, n'a jeté, par les soirs clairs, un mélancolique regard vers les lointains inconnus de la voûte étoilée ?

Qui n'a observé, dans l'espace infini qu'on est convenu d'appeler ciel, les milliers de lumières qui scintillent, tremblantes ou fixes, pâles ou légèrement colorées ?

Qui n'a remarqué ces taches blanchâtres qui sont comme d'immenses échappées de vapeurs sillonnant le firmament et dont la plus belle, la *Voie lactée*, le « Chemin de saint Pierre », comme on dit vulgairement, semble émerger de la terre pour auréoler le ciel et s'en aller, par une courbe gracieuse, plonger l'autre extrémité de son arc majestueux sous l'horizon assombri ?

Les lumières tremblantes sont des *étoiles*, c'est-à-dire des soleils comparables à celui qui nous éclaire ; les lumières fixes sont des *planètes*, c'est-à-dire des soleils éteints, identiques ou à peu près, à la terre que nous habitons ; les taches blanchâtres sont des amas d'étoiles, en si grand nombre et paraissant tellement proches les unes des autres qu'elles semblent se confondre. On les appelle des *nébuleuses*. Quelques nébuleuses sont exclusivement composées d'un amas de matières portées par la chaleur à leur plus haut degré de dilatation moléculaire, c'est-à-dire vaporisées, volatilisées, et au sein desquelles on distingue, çà et là, quelques centres lumineux ou noyaux.

C'est d'une nébuleuse dont le soleil était le centre, que sont nées la terre et son satellite la lune, ainsi que tous les astres de notre système.

Par sa rotation et un refroidissement progressif, et en vertu des forces centrifuge et centripète, que l'on observe dans toute masse tournoyante, la nébuleuse primitive a dû éclater et, projetant autour d'elle, dans toutes les directions, des fragments échappés à ses anneaux périphériques successifs, a formé les astres qui gravitent autour de son noyau condensé : le soleil.

Voilà, résumée en quelques mots, l'histoire scientifiquement démontrée de la naissance des étoiles et des planètes, car ce qui s'est passé pour notre système a dû se passer également ou se passera pour tous les systèmes inconnus, pour tous les « tourbillons », ainsi que les nommait assez justement le physicien Descartes.

En ce qui concerne l'origine des nébuleuses elles-mêmes, la science a été jusqu'à ce jour impuissante à la découvrir.

(Quelques savants affirment qu'avant la période de plus grande dilatation moléculaire, c'est-à-dire avant l'extrême chaleur, a dû exister dans le soleil et sans doute dans la masse entière de la nébuleuse, alors réunie, une période de froid. Ce ne serait qu'après cette période que, grâce à la rotation et surtout au travail physico-chimique des atomes-forces, celle de chaleur aurait commencé, pour arriver au résultat que l'on sait et retomber ensuite peu à peu à la situation antérieure.

Les atomes qui composent la matière des astres ont donc la propriété de se dilater et de se condenser tour à tour, en vertu d'une affinité et d'une répulsion dont la loi est en partie inconnue et en des temps indéterminés ; or, en se dilatant, le volume des sphères augmente, en proportion rigoureuse de leur masse et du degré d'ignition ; ne peuvent-elles, arrivées à leur extrême limite, augmenter suffisamment leur diamètre et conséquemment diminuer assez leur éloignement pour permettre leur attraction réciproque et ne plus former qu'une seule masse, qui, à son tour, et en vertu des mêmes lois, recommencerait à former autour de son centre une série d'anneaux solides qui éclateraient pour donner naissance à d'autres planètes, et ce éternellement ou jusqu'à ce qu'une cause inconnue en vint contrarier l'enchaînement?

En un mot, les choses, si diverses en apparence, ne seraient-elles pas identiques au fond, et les mouvements éternels de dilatation et de condensation des nébuleuses, ne partiraient-ils pas d'un unique principe, l'évolution?)

Hélas, l'homme est trop petit pour embrasser l'univers, et ses sens trop grossiers, trop rivés à la terre pour qu'il lui soit permis de jeter un coup d'œil révélateur dans l'immensité. Peut-être, à des milliards et des milliards de lieues de nous, au delà d'un espace que la raison se refuse à concevoir, se passe-t-il des choses qui, si elles pouvaient être accessibles à nos yeux, nous éclaireraient d'un seul coup en nous révélant les secrets de la nature. Mais il n'est nulle apparence qu'il soit jamais possible au *tout* de se faire assez petit pour nous permettre de l'embrasser. Il faudrait, d'ailleurs, que nous fussions nous-mêmes plus grands que ce *tout*, ce dont la seule pensée est une absurdité.

Force donc est de nous contenter de chercher à pénétrer ce qui est accessible à nos yeux et à notre raison. N'aspirons pas à deviner la cause des causes, les millions et les millions de siècles écoulés et à venir n'y suffiraient pas. Du reste, cette cause des causes n'existe peut-être pas réellement, et le secret des choses consiste sans doute seulement en une succession grandiose de faits partant d'un même principe, de toute éternité, principe dont notre impuissance matérielle nous interdit à jamais d'avoir aucune idée.

Mais laissons les nébuleuses, leurs soleils et leurs planètes tournoyer dans l'espace, avec un ordre et une régularité que l'on admire un peu trop à la légère, — ce dont nous reparlerons à la fin de cet ouvrage, — et revenons à la terre, au moment de sa séparation d'avec la masse-mère.

Fragment détaché de la nébuleuse primitive, notre planète n'offrait à son premier instant, que le lugubre aspect d'un colossal incendie. Avec l'effarement vertigineux de 108.000 kilomètres à l'heure, elle franchissait l'espace silencieux, entraînant l'amas énorme de ses eaux vaporisées, de ses minéraux volatilisés.

Cependant, peu à peu, toutes ces vapeurs immenses se condensèrent. Les atômes se refroidirent lentement en s'élevant dans l'espace, et subirent enfin la loi de leur affinité chimique.

Les eaux se formèrent bientôt avec une rapidité et en quantité prodigieuses, naturellement et exactement proportionnées à la masse des vapeurs ambiantes qui les engendrèrent, pour retomber en d'effroyables cataractes. Ce fut, après la période du feu (ignée ou plutonienne), la période des eaux (acqueuse ou neptunienne). Les mers, mers brûlantes et agitées, enveloppèrent d'abord le globe entier ; c'est dans leur sein que les minéraux condensés déposèrent régulièrement et par couches successives, cette longue suite de terrains que la géologie a distribuée en quatre classes : primaire, secondaire, tertiaire et quaternaire.

Lentement alors, s'épaissit l'écorce terrestre ; mais en ces périodes tourmentées qui durèrent des milliers de siècles, le feu souterrain, refoulé par les eaux de la surface, attesta par de formidables poussées, sa redoutable existence.

D'épouvantables secousses ébranlèrent les couches solides et rompant leur horizontalité, dressèrent les montagnes où les blocs de roches, de granits et de marbres, attestent aujourd'hui l'indiscutable vérité de ces événements dont aucun homme ne fut témoin.

Longtemps la terre et l'atmosphère, encore trop brûlantes, ne permirent ni à la vie végétale ni à la vie animale de s'y épanouir ; on n'en découvre, en effet, aucune trace dans les couches les plus anciennes de la classe primaire ; la vie n'apparaît que dans les secondes couches primaires, dites cambriennes, et encore cette vie est-elle très rudimentaire : à peine quelques fossiles de zoophytes et de mollusques.

A partir du cambrien, la botanique et la zoologie déroulent la liste ininterrompue de leurs milliers d'espèces, dont un certain nombre ont depuis longtemps disparu, tandis que d'autres n'ont plus que des rejetons dégénérés, comme certaines plantes qui croissent encore sous les tropiques.

La vie a débuté dans les eaux, où la flore a précédé la faune, de même que les invertébrés ont précédé les vertébrés.

Lorsqu'au *permien*, et plus certainement, à l'époque secondaire, les conditions climatologiques et cosmiques permirent l'existence d'êtres organisés plus perfectionnés, apparurent dans les marais encore tièdes, ces immenses sauriens, *ichtyausaures* et *mégalosaures*, dont nos crocodiles ne sont aujourd'hui que de faibles diminutifs. C'est à cette même époque que se dressèrent, dans les boues émergées, ces forêts impénétrables et géantes d'arbres résineux et de fougères arborescentes que des tremblements de terre ont enfouies et qui forment aujourd'hui les filons de nos bassins houillers.

Les premières traces d'oiseaux remontent également à la période secondaire.

Puis apparurent les mammifères et enfin, le dernier de de tous, l'homme, dont on retrouve les restes fossiles mêlés à ceux d'animaux disparus, dans les couches quaternaires et moins certainement dans les dernières couches de l'époque tertiaire.

Je n'ai pas pour but, comme je le déclare en tête de cet ouvrage, de faire un historique détaillé des êtres et des choses ; je laisse ce soin à de plus autorisés que moi ; mais l'abrégé qui précède était ici nécessaire, étant donnés les récits plus ou moins fantaisistes que des gens peu scrupuleux de la vérité ont servis si souvent, dans un but intéressé, aux masses ignorantes et crédules, récits dont la réfutation fait l'objet de ce travail.

CHAPITRE II

De la formation des Sociétés et de l'origine des Cultes

L'homme, selon toute vraisemblance, n'a pas été formé dans la plénitude de son intelligence, ni peut-être même avec sa conformation physique actuelle, ainsi que l'a si magistralement démontré Darwin.

Tout, dans les vestiges que nous retrouvons de l'humanité primitive, nous montre cette humanité des plus grossières. Son industrie était nulle, le langage conventionnel n'existait pas. L'industrie, du reste, n'était pas nécessaire, la nature, en ces siècles privilégiés, — si semblable expression peut s'appliquer en ce cas, — suffisant simplement à pourvoir à tous les besoins de l'existence.

Cependant, doués d'un instinct de société, les premiers hommes, aux prises avec les éléments déchaînés et les bêtes féroces, ont dû se rechercher, s'assembler, et réunir leurs efforts, pour triompher plus aisément des obstacles dressés naturellement devant eux.

Dans ces premiers groupements, les signes ont été d'abord les seuls moyens d'échanger la pensée ; peu à peu, des sons se sont joints à ces signes, sons vocaux qui exprimèrent chacun une impression particulière ; de là, de perfectionnement en perfectionnement, le langage articulé.

L'écriture n'a été imaginée que beaucoup plus tard, et encore à part de rares exceptions, les plus anciennes écritures connues, comme les hiéroglyphes égyptiens, n'avaient-elles aucune ressemblance avec les systèmes d'écriture actuels.

Point de phrases, mais seulement des pensées, des idées gravées sur la pierre ou le bois au moyen de figures symboliques, de signes de convention.

Les premiers hommes, que l'expérience d'une ascendance problématique n'avait pas instruits, étaient naturellement craintifs : ils redoutaient tout ce qui leur semblait être une force mystérieuse et puissante, supérieure à celle de leurs propres muscles. Le feu, qu'aux âges primitifs ils ne savaient sans doute pas produire et qui se manifestait à eux par la foudre qui, en frappant les arbres géants incendiait les forêts, le tonnerre, dont le bruit assourdissait leurs oreilles sans rien laisser paraître à leurs yeux qu'un éclair fugitif, le vent, qui, furieux et gémissant, balayait tout sur son passage, étaient autant d'effets de causes inconnues qui les frappaient d'une mortelle frayeur et les faisaient se cacher, se prosterner, s'aplatir contre terre à la vue de l'un quelconque des spectacles grandioses d'une tempête, d'un orage ou d'un incendie.

Cette enfance de l'humanité dura des siècles et des siècles. Cependant, l'homme se multipliait sur la terre et celle-ci qui, du reste, se montrait de moins en moins prodigue, ne suffit bientôt plus d'elle-même à produire les denrées nécessaires à la subsistance des tribus, de plus en plus nombreuses. C'est alors que, plus raffiné déjà, plus observateur ou plus intelligent, l'homme prêta un regard plus attentif aux œuvres de la nature et découvrit le secret de la reproduction des plantes. A partir de ce moment, il s'occupa de cultiver la terre. En même temps, il rassembla quelques couples d'animaux, de ceux qui lui étaient le plus nécessaires, tant pour l'alimentation que pour l'habillement, les domestiqua et s'en fit enfin ces immenses troupeaux, — primitives richesses des sociétés naissantes, — qui paissaient librement dans les vastes terres encore vierges.

Mais, à l'aurore de l'ère agricole, bien des connaissances manquaient pour mener à bien l'œuvre entreprise. Outre les instruments aratoires qui faisaient totalement défaut et que remplaçaient des outils grossiers en bois ou en pierre, — l'usage du fer n'était pas encore connu, — les premiers travailleurs du sol n'avaient pas, comme nous, pour les guider, un calendrier qui leur indiquât d'une façon certaine le mouvement des saisons. Les premières plantations, les premières semailles ont dû être faites à tort et à travers, au hasard des mois du printemps, de l'été, de l'automne ou de l'hiver. Que de tâtonnements, que d'essais infructueux ont dû se produire !

Il a fallu au progrès encore une étape pour que l'homme, plus réfléchi et acculé par la nécessité, sut enfin reconnaître, grâce à l'observation des astres, par les diverses positions qu'ils occupent successivement dans le ciel, la marche régulière des saisons et prévoir leur arrivée. L'astronomie donna naissance au calendrier.

L'astronomie donna naissance aussi à l'*idolâtrie*, religion toute naturelle à son avènement, mais qui, dans la suite des temps, déformée, tronquée, falsifiée, par la légende et dans un but intéressé, a produit toutes les religions actuelles, depuis notre christianisme jusqu'au fétichisme des tribus les plus barbares de l'Afrique ou de l'Océanie.

Quelques esprit supérieurs de ces temps reculés eurent vite fait de remarquer que le soleil semblait accomplir une révolution autour de la terre en un temps déterminé et passait, à époques fixes, devant des groupes d'étoiles, au nombres de douze, qu'on a depuis nommés les signes du zodiaque.

Ces groupes d'étoiles, ou constellations, furent décorés de noms symboliques qui d'abord exprimèrent des idées se rattachant aux travaux agricoles correspondant aux époques durant lesquelles le soleil passait devant eux. Par la suite on leur donna les noms de héros fameux sur lesquels on bâtit de fabuleuses légendes ; enfin, l'ignorance et la superstition, soigneusement entretenues dans un but de domination par les intrigants de toutes les époques et de toutes les civilisations, en voulurent faire des êtres vivants ou prétendus tels. C'est l'origine du polythéisme (adoration de Dieux multiples), dont le monothéisme chrétien n'est qu'une synthèse légèrement modifiée.

Les connaissances astronomiques se développèrent très rapidement chez certains peuples, notamment chez les Chaldéens, où le ciel est généralement d'une grande pureté. Elles se répandirent bientôt, avec leurs légendes, dans toute l'Asie, dans le nord-est de l'Afrique, pour remonter, par la Grèce et par l'Italie, jusque dans les Gaules et dans les pays du nord. Elles se confondirent avec les croyances particulières de tous ces peuples, qui, déjà, adoraient le feu, le soleil, la lune, les étoiles, le vent, l'eau, les montagnes, les arbres et même des animaux, sous des noms différents et avec des légendes multiples. Il suffit d'ailleurs de se reporter aux traités de mythologie pour avoir une idée de la multiplicité des Dieux et de la diversité de leurs histoires.

Ce qu'il importe pourtant de remarquer, c'est que tous les cultes, — et les religions actuelles sont du nombre, — se rattachent à cette idolâtrie ou religion universelle, que nos théologiens répudient avec tant de fracas, et partent en général d'un même principe : l'adoration du soleil.

Cet astre, en effet, de tout temps reconnu comme principe de vie, a été naturellement désigné à l'adoration naïve des peuples.

Souvent identifié avec le feu, avec la lumière ou avec des héros, il fut adoré sous les noms de *Bélus*, chez les Babyloniens, *Mithra*, chez les Perses, *Osiris*, chez les Egyptiens. *Bacchus* et *Hercule* chez les Grecs, les Romains, les Gaulois et les Espagnols, ne sont autres non plus que le soleil déifié, et l'on observe, dans l'énumération fabuleuse des œuvres de ces divinités, partout les mêmes faits, identiques au fond, sinon dans la forme, tous rappelant le passage du soleil dans les douze constellations zodiacales.

Le christianisme n'échappe pas à cette règle, je vais essayer de le démontrer.

CHAPITRE III
Du Christianisme et de la fable solaire

Rappelons d'abord que le christianisme est actuellement divisé en trois sectes principales : le *catholicisme*, le *protestantisme*, le *schismatisme*. Nous ne nous occuperons que du catholicisme, puisque les autres religions, professées en France à part le schismatisme grec, et qui nous intéressent directement, n'en sont que des racines, comme le judaïsme, ou des dérivatifs, comme le protestantisme et ses différentes castes.

Tout le monde connaît, ou à peu près, pour les avoir apprises dans sa jeunesse, les bases fondamentales de la religion chrétienne.

C'est, d'abord, la première page de la *Genèse*, que je demande la permission de citer :

« Au commencement, Dieu créa le ciel et la terre, puis il
« dit : Que la lumière soit ! Et la lumière fut. Et il se fit un
« soir et un matin, et ce fut le premier jour.

« Le second jour, il fit le firmament qu'il appela ciel.

« Le troisième jour, il réunit en un même endroit toutes
« les eaux qui jusque-là avaient recouvert la terre, il leur
« donna le nom de mer, et il fit produire à la terre les plan-
« tes et les arbres.

« Le quatrième jour, Dieu fit le soleil, la lune, et les
« étoiles.

« Le cinquième jour, il créa tous les reptiles et les poissons
« qui nagent dans les eaux, et tous les oiseaux qui volent
« dans les airs.

« Le sixième jour enfin, Dieu fit produire à la terre les
« animaux de toute espèce. Puis il dit : Faisons l'homme à
« notre image et à notre ressemblance ; qu'il commande aux
« poissons de la mer, aux oiseaux du ciel et aux animaux de
« la terre. Alors, il forma le corps de l'homme du limon de
« la terre ; puis il lui insuffla une âme, — souffle de vie,
« *Nichmat chaym*, en hébreux, — capable de le connaître et
« de l'aimer.

« Dieu ayant ainsi accompli son ouvrage en six jours, se
« reposa le septième, le bénit et voulut qu'il lui fut consacré. »

Avant de créer l'homme, Dieu avait déjà créé de « purs esprits » appelés les *anges*. Quoique purs esprits, c'est-à-dire dégagés des liens de la matière, et comme tels bien supérieurs à l'homme, un certain nombre d'entre eux, dit la Bible, se révoltèrent contre leur créateur, voulant se rendre égaux à lui. Dieu les punit et les précipitant dans les flammes éternelles de l'enfer. Ce sont les mauvais anges, les diables ou les démons.

Dieu ayant créé l'homme, (Adam) et la femme, (Eve) formée d'une des côtes de l'homme, détachée pendant son sommeil, les plaça dans un jardin enchanté où la vie devait être éternelle, le travail, la maladie et la mort inconnus, mais où, cependant, se trouvait certain arbre, appelé *arbre de vie et de mort*, ou *arbre de la science du bien et du mal*, lequel arbre produisait justement des pommes auxquelles Adam et Eve ne devaient toucher, sous peine de déchéance. Par malheur pour le genre humain, le Père éternel permit aussi que le *Démon* s'introduisît sous la forme d'un *serpent*, au sein du paradis terrestre et vint tenter, par un discours suborneur, la naïve et curieuse Eve, qui se laissa aller à détacher de l'arbre mystérieux, un fruit qu'elle croqua à belles dents, non sans en avoir fait goûter à Adam, qui ne crut pas devoir refuser à « l'os de ses os, la chair de sa chair », une aussi innocente complaisance.

Cependant, Dieu entra dans une violente colère : il chassa de l'*Eden* nos premiers parents, et lançant contre le serpent, contre l'homme, la femme et leur descendance, un furieux anathème, condamna désormais les reptiles à ramper, les hommes à travailler, les femmes à enfanter dans la douleur, et toutes les créatures à mourir !

Il leur promit pourtant un *Sauveur*, qui ne devait être autre que son fils, c'est-à-dire lui-même, suivant la religion chrétienne !

Ce Sauveur, toutefois, ne devait profiter qu'aux hommes; le malheureux serpent était condamné irrévocablement à ramper. Il est vrai aussi de dire que, bien que le Sauveur soit venu racheter sur la croix, il y a bientôt deux mille ans, le péché originel, le travail, la maladie et la mort continuent à régner en maîtres sur la terre. Il paraît que les bons seront récompensés après leur mort. Mais pourquoi Dieu avait-il d'abord fait, sur cette terre, la vie éternelle ? C'est ce que la religion n'explique pas.

Reprenons notre récit :

Adam et Eve s'en furent, contrits et repentants ; mais la malédiction du Seigneur ne les effraya pas outre mesure, ils eurent quand même des enfants, des fils et des filles, qui, se mariant entre eux, donnèrent naissance à une nombreuse postérité. En ce temps-là, sans doute, Dieu permettait l'inceste ; ce qu'aujourd'hui la loi et l'Eglise réprouvent, pour des raisons différentes, il est vrai, le Créateur le trouvait parfait ; car, qui l'eût empêché de créer deux couples primitifs au lieu d'un ? Il voulait, disent les Ecritures, que toute l'humanité constituât une même famille. Piètre raison pour un être divin, qui dissimule mal l'horreur de l'inceste et qui est en contradiction avec les lois de la nature, en ce qui concerne l'amélioration des races par le croisement.

Le châtiment infligé au premier homme et à la première femme n'ayant pas été assez sévère et le genre humain se corrompant de plus en plus, Dieu résolut de faire périr l'humanité, et avec elle tous les animaux de la création, à l'exception d'un seul couple de chaque espèce, destinés à perpétuer les races.

Le moyen choisi pour mettre à exécution cette vengeance divine, fut le Déluge universel, c'est-à-dire une inondation générale de toute la terre, s'élevant, dit la Bible, de cent coudées au-dessus des plus hautes montagnes. Ainsi, Dieu, tout puissant, n'a pas cru devoir frapper seulement le genre humain, seul coupable. Il a fait périr aussi les animaux. Que lui avaient-ils fait ? Désobéi aussi ? Impossible, puisque le dogme catholique leur refuse une âme capable de discernement. Il eut pourtant été aisé à Celui qui voit tout, qui sait tout, qui peut tout, de foudroyer, s'il l'eût voulu, les créatures corrompues, fussent-elles cachées au sein même de la terre. Il ne l'a pas fait, pour mieux montrer, sans doute, aux peuples postérieurs, une preuve plus éclatante de son absolue perfection.

L'heureux élu qui devait survivre au déluge fut le patriarche Noé. Informé des desseins du Très Haut, il construisit par un labeur de cent ans, enseigne l'histoire sainte, — on vivait vieux, en ce temps ! — un bateau immense (il devait l'être, en effet), dans lequel il introduisit, outre sa famille, un mâle et une femelle de toutes les bêtes qui peuplent la terre, (y compris probablement des moines, des nationalistes et des membres de l'Action libérale.) Après plusieurs mois d'inondation, Dieu fit paraître au firmament un immense arc-en-ciel qui annonça sa réconciliation avec les hommes. Inutile de faire remarquer que cette réconciliation était un peu tardive, puisque presque tous étaient morts. Noé et tous les habitants de l'arche, arrêtés sur les monts d'Ararat, en Arménie, purent débarquer sur la terre enfin purifiée et se propager librement. Quelques couples, probablement, ont dû enjamber les mers pour aller peupler les contrées séparées par des océans du lieu où l'immense bateau avait atterri, et l'on vit ce spectacle étonnant, qui ne se renouvelle plus de nos jours, de pères et de mères blancs, engendrant des fils et des filles noires, jaunes et rouges, ou vice-versà. (1) C'était l'époque des prodiges.

Enfin, après un certain laps de temps, le Créateur éprouva encore le besoin de donner aux peuples, non plus une punition, mais des instructions. Il semble qu'à Dieu la chose fût aisée. Plus grand lui-même que tout ce qu'il avait créé, il pouvait se montrer à la fois à tous les habitants de la terre, et leur dire, à chacun en langue propre, (car depuis l'aventure de la tour de Babel, les hommes parlaient des idiômes différents) ce qu'il croyait nécessaire pour mettre un frein à leurs débordements. C'eût été par trop simple. Dieu ne donna d'instructions qu'à un seul homme, Moïse, qui, dissimulé dans une broussaille du mont Sinaï, ne transmit, quelques jours après, ces instructions qu'à un seul peuple, le peuple juif. Ainsi, c'est aux juifs que les chrétiens doivent le bonheur de posséder la foi et d'assurer leur salut ! O ironie de la sacrée histoire !

Ces instructions de Dieu, que Moïse rapporta, dit-on, gravées sur des tablettes de marbre, se nomment le *Décalogue* ou les dix commandements.

Cependant, le Décalogue ne produisit pas encore l'effet

---

(1) On n'est pas bien d'accord dans le monde chrétien, sur la couleur de la race humaine primitive. Le positivisme est plus affirmatif sur ce point, prétendant avec raison, que les hommes ne descendent pas d'un seul couple né dans une contrée, mais de différents couples, nés en diverses contrées.

désiré ; les hommes, obstinés dans leurs mauvais instincts, méconnaissaient et violaient à qui mieux mieux la loi divine, se livrant, comme par le passé, aux pires exactions.

C'est alors que les temps marqués pour la rédemption arrivèrent. (Car tout ce qui se passait était prévu, arrêté d'avance par le Père éternel, qui, pouvant empêcher le mal, le laissait se propager, pour le plaisir, sans doute, de montrer sa toute bonté en punissant ensuite ses inconscientes et faibles créatures). Il naquit à Bethléem, en Judée, d'une femme mariée mais vierge appelée Marie, un enfant nommé Jésus, dont Joseph, époux de Marie n'était pas le père et dont le père n'avait ni chair ni sang, mais était pur esprit ! (il paraît que c'est un mystère).

Cet enfant, le *Sauveur* promis, fils de Dieu, Dieu lui-même, étonna bientôt les docteurs par son intelligence et sa sagesse ; dans son âge viril, après avoir fait de nombreux miracles, il fut crucifié pour avoir voulu combattre les préjugés de son temps et chasser les vendeurs de grâces du temple de Jérusalem (quelque chose comme nos curés actuels).

Le troisième jour après sa mort, il ressuscita, donna encore quelques instructions à ses disciples ou apôtres, puis enfin remonta au ciel, où il prit place à la droite de son père, c'est-à-dire de lui-même. Les péchés du monde étaient lavés, la tache originelle effacée ; mais il avait fallu, pour apaiser la colère de Dieu le père, à qui les premiers hommes n'avaient fait que désobéir, que les fils de ces hommes, tuassent en le martyrisant, Dieu le fils ! O divine incohérence.

Qu'on me pardonne cette longue énumération de faits au moins étonnants, qu'on peut aisément qualifier d'absurdités, si l'on prend les choses à la lettre, comme l'ont enseigné longtemps les pères de l'Eglise. J'ai tenu seulement à rappeler les points fondamentaux du dogme chrétien, pour l'intelligence de ce qui va suivre. Il est non moins indispensable de souligner dès maintenant ces paroles de Dieu au Serpent, après la chute de l'homme : « Tu seras maudit entre tous les animaux, tu ramperas sur ton ventre et tu mangeras la terre ; je mettrai des inimitiés entre toi et la femme, *entre sa race et la tienne*, ELLE T'ÉCRASERA LA TÊTE, ET TOI, TU LUI MORDRAS LE TALON ! », paroles dont on comprendra plus loin l'origine, ainsi que les deux principales fêtes célébrées par l'Eglise catholique : la Noël et la Pâques.

Ceci posé, je commence ma démonstration :

Tout d'abord, la première page de la Genèse offre de flagrantes contradictions avec les sciences positives. Ainsi Moïse, inspiré, dit-on, par l'Esprit saint, infaillible comme doit l'être nécessairement la Divinité, si elle existe, place au premier jour la création de la terre et au quatrième celle du soleil et des étoiles, quand tout, dans les sciences d'observation, nous crie le contraire.

L'auteur du *Pentateuque* fait croître les arbres et les plantes avant l'apparition du soleil, ce qui est au moins fort risqué, car en admettant qu'une flore rudimentaire se soit épanouie à la fin des premières périodes de refroidissement, avant que les brouillards épais qui sans doute enveloppaient la terre permissent au soleil d'envoyer directement ses rayons sur notre planète encore brûlante, cette flore n'avait toujours pas, et bien certainement, les caractères plus perfectionnés des végétaux géants dont on retrouve les restes fossiles et pour le développement desquels la lumière solaire était indispensable.

De plus, tout, dans la Genèse, semble indiquer que la terre est le point principal de l'univers. Selon le récit biblique, le soleil, la lune, les étoiles, les nébuleuses et leurs milliards de mondes, n'ont été créés que pour notre commodité et l'esthétique du firmament, ce qui est difficilement admissible, étant donnée l'infinie petitesse de notre planète, comparativement à l'incommensurable grandeur de l'infini.

Je sais bien qu'aujourd'hui, les prêtres éclairés, ceux que le ténébreux assemblage des idioties dogmatiques révoltent malgré eux, prétendent, avec quelques théologiens des siècles passés, qu'il ne faut pas prendre à la lettre le texte des écritures ; c'est ainsi qu'acculés par l'évidence, écrasés de preuves palpables, ils daignent admettre comme époque, chacun des jours de la création, bien que, dans le texte hébreu, ces jours soient rigoureusement limités par un soir et par un matin. Ainsi, après quatorze siècles de domination aveugle et tyranique, après avoir fait renier, dans d'épouvantables tortures, à l'infortuné Galilée sa découverte du mouvement de la terre, après avoir fait expier comme hérésie, sur les bûchers et dans les charniers de l'Inquisition, toute vérité qui tentait de se faire jour au milieu des ténèbres, les prêtres courbent enfin la tête devant les puissants génies qui ont rétabli l'histoire véritable des choses, écrites dans l'espace et dans les entrailles de la terre.

J'ai entendu, de mes propres oreilles, un savant prédicateur répandre des flots d'éloquence pour chercher à établir un parallélisme entre la première page de la Genèse et le résultat des études expérimentales. Quand quelque point l'embarrassait, il appelait à son aide l'allégorie et le mystère.

Avec l'allégorie, le mystère et aussi de légers accrocs aux textes primitifs, on peut se permettre d'avaler les plus grosses couleuvres.

Fort heureusement, ce n'est plus avec des fables et des mystères qu'on muselle les peuples, bien que, jusqu'ici, ces pitoyables moyens aient été employés avec un regrettable succès pour les endormir. Le vingtième siècle réclame plus de lumière; les fées et les croquemitaines s'évanouissent dans les brumes du passé; les vieilles légendes font place à des histoires plus réelles, peu à peu édifiées par l'effort immense des esprits rénovateurs, surgis çà et là de la poussière des Sociétés.

Mais pourquoi ce prêtre, très érudit et brillant orateur, du reste, se donnait-il tant de peine à vouloir établir l'exactitude d'un document qui importe si peu. Est-ce que, quand bien même le récit de la Genèse serait rigoureusement conforme à ce que nous enseignent l'astronomie, la physique, la chimie, la géologie et la paléonthologie réunies, l'authenticité scientifique de la révélation serait démontrée ? Qui prouve qu'aux temps où a dû vivre Moïse, et même longtemps avant, puisqu'on ne le fait remonter qu'à environ 1600 ans avant notre ère, et que des hommes vivaient, voyaient et pensaient, sur la terre, certainement plusieurs milliers d'années antérieurement, qui prouve, dis-je, que ces hommes n'aient pas entrevu une parcelle de la vérité, gravée partout en des pages éloquentes et sublimes, dans l'universelle nature ? En ces temps, le ciel était, comme aujourd'hui, accessible à tous les regards avides; les montagnes dressaient, comme aujourd'hui, leurs crêtes hérissées, livrant les trésors de leurs flancs aux efforts des travailleurs; comme aujourd'hui encore, les hommes possédaient une intelligence, sans doute égale à la nôtre, capable, déjà, de remonter des effets aux causes.

Il n'est donc pas impossible que Moïse, profitant de l'expérience de longs siècles, ait introduit, même à son insu, quelques bribes de lumière dans ses tablettes nébuleuses.

Quoi qu'il en soit, et en dépit des efforts des meilleurs écrivains religieux, la Genèse renferme des erreurs. Or, ou ce livre n'a pas été inspiré par l'Esprit saint, qui doit être infaillible, et alors on ne doit lui accorder aucune confiance, ou bien c'est Dieu qui l'a dicté, et Dieu en le dictant, a commis des erreurs, incompatibles avec son absolue perfection. De toute façon, le dogme s'écroule de lui-même, comme s'écroule nécessairement toute construction bâtie sur de fausses assises.

N'insistons pas et reprenons pour une analyse plus scientifique, la prétendue création dans son ensemble :

« Dieu créa le ciel et la terre en six jours, il se reposa le septième ».

Il est bon de savoir qu'avant le christianisme, les antiques cosmogonies des Mages considéraient la lumière, dont le soleil est l'agent le plus actif, comme le principe du bien : *Ormusd* était le Dieu qui incarnait ce principe, et *Ahriman* le Dieu qui incarnait le principe contraire, c'est-à-dire le principe du mal, le principe des ténèbres. Les Mages représentaient l'univers sous la forme d'un œuf, divisé en douze compartiments partagés en deux hémisphères, l'une inférieure, l'autre supérieure. Les six compartiments de l'hémisphère supérieure appartenaient au Dieu Lumière, ou bon principe, les six autres de l'hémisphère inférieure, appartenaient au mauvais principe : le Dieu des Ténèbres. Or, ces douze compartiments ou stations n'étaient autres que les douze signes du zodiaque : *l'agneau* ou *bélier*, le *taureau*, les *gémeaux*, le *cancer*, le *lion*, l'*épi* ou la *vierge*, la *balance*, le *sagittaire*, le *capricorne*, le *verseau* et les *poissons*.

Les six appartenant au Dieu lumière étaient : l'*agneau*, le *taureau*, les *gémeaux*, le *cancer*, le *lion* et la *vierge*. C'étaient les six mois de printemps et d'été.

Les six appartenant au Dieu ténèbres étaient : la *balance*, le *sagittaire* ou *serpent*, le *capricorne*, le *verseau* et les *poissons* (les six mois d'automne et d'hiver.)

C'est la division de ces deux grands principes : été et hiver, lumière et ténèbres, bien et mal, qui a donné naissance, dans la cosmogonie de Moïse, à la fable des anges, répartis en effet en deux catégories : anges blancs, ou anges de Dieu, anges noirs, ou anges du Diable.

Il est aisé de comprendre, étant données les explications qui précèdent, que le Dieu du bien était censé commencer à régner sous le signe de l'*Agneau*, c'est-à-dire à l'équinoxe de printemps, au moment où le jour vient à empiéter sur la nuit. Ce règne durait jusqu'à la *Balance*, à l'équinoxe d'automne, où le Dieu du mal lui succédait, la nuit à cette époque commençant à empiéter sur le jour.

L'identité des Dieux anciens avec le soleil étant suffisamment établie, l'histoire du Christ, qui comme ses devancières, n'est qu'une fiction astronomique, n'est pas difficile à rétablir.

Au siècles où l'imagination des hommes enfanta le christianisme, le signe du zodiaque qui montait à l'horizon la veille du jour qui devait inaugurer la nouvelle révolution solaire, c'est-à-dire au solstice d'hiver, était la *Vierge* des constellations. Ce signe apparaissait exactement, dans les contrées où suivant la légende, Jésus est né, le 25 décembre, à minuit, présidant ainsi à la naissance, c'est-à-dire au retour vers nous, du soleil, plus éloigné à partir du solstice d'été. Cet astre, déifié sous les noms de Mithra, Christ ou Jésus, peu importe, sortait donc effectivement, allégoriquement, du moins, du sein d'une vierge immaculée : la vierge des constellations. C'était le *Sauveur* promis, ramenant avec lui sur la terre, la lumière et la chaleur qui devaient, en effet, régénérer l'univers.

On remarquera que la constellation de la *vierge* semble écraser dans le ciel, à cette époque de l'année, la tête du *sagittaire* ou *serpent*, et que celui-ci semble, de son côté, la mordre à son extrémité inférieure, ou talon. De là l'origine des paroles mystérieuses de Dieu au Serpent, que cite la Bible : « Tu seras maudit, etc.. »

Les Mages, disent les écritures, guidés par une étoile miraculeuse, vinrent *d'orient*, adorer l'enfant Jésus à sa naissance et lui offrir des présents. Il n'est pas inutile de savoir que la religion des Mages était le culte du soleil, et que les présents qu'ils offrirent, dit-on, étaient les mêmes que ceux qu'ils avaient coutume de déposer sur les autels du Dieu Lumière.

La tradition de ces présents s'est, du reste, conservée jusqu'à aujourd'hui dans la célébration des offices du culte catholique, où l'on offre encore de l'encens à l'autel de Dieu.

De plus, la Vierge montait à l'horizon, en ces contrées, exactement au point où la Bible place le paradis terrestre, c'est-à-dire vers les sources du Tigre ou de l'Euphrate, au pays d'*Etren*, que les copistes hébreux ont transformé en *Eden*.

Voilà donc un premier et principal point acquis : Jésus, à sa naissance, n'est autre que le soleil.

Il serait intéressant, mais aussi beaucoup trop long, de suivre les phases diverses de la vie de Jésus, phases présentant une frappante analogie, quant à l'ensemble, avec les fables bâties antérieurement sur Isis, Mithra, Hercule, Jupiter, etc..... On compte d'ailleurs au moins une trentaine d'évangiles où la vie du Christ est décrite sous différentes formes, à peu près identiques, mais brodées plus ou moins ingénieusement, suivant l'imagination de leurs auteurs.

Constatons seulement que Jésus eut *douze* apôtres, comme Hercule avait fait *douze* travaux, comme le Zodiaque compte *douze* signes, et remarquons en outre, que le chef des apôtres, le pêcheur Pierre, devenu le portier du ciel, présente une frappante ressemblance avec le vieux *Janus*, autre personnification d'un signe zodiacal, — représenté sur les monuments du paganisme avec des clefs et une barque. Enfin remarquons encore que Jésus est né dans une étable comme Mithra était né dans une grotte, Bacchus et Jupiter dans une antre.

Toutes ces constatations, *basées sur des preuves* CERTAINES, *tirées des archives de l'antiquité civilisée*, prouvent surabondamment l'origine fabuleuse de l'histoire dite « sacrée ».

Je ne veux pas même rechercher ici s'il a existé véritablement un homme, philosophe ou imposteur, du nom de Jésus, crucifié, mort ou non sur la croix (ce qui est discuté) pour ses opinions sur les mœurs de son temps; je tiens son histoire pour vraie, en tant qu'homme, et je reprends le " Sauveur ", l' " Agneau ", au moment de sa *passion*.

Nous avons vu que le règne du soleil, (c'est-à-dire de la lumière et du bien, durait six mois de l'année équinoxiale, le printemps et l'été. Or, Jésus, d'après les évangiles, meurt le vendredi saint et ressuscite à Pâques. Eh bien, Pâques correspondait exactement il y a quelque vingt siècles, à l'équinoxe de printemps, au signe de l'Agneau. Le jour, sous ce signe, commençait à empiéter sur la durée de la nuit ; ainsi que nous l'avons vu précédemment, le soleil, de tous temps considéré comme le grand propulseur de la lumière, acquérait donc une nouvelle vigueur, il ressuscitait, en d'autres termes. Le mot Pâques, du reste, signifie *passage du Seigneur*.

J'arrive à la légende principale de l'Ancien Testament.

« Dieu avait placé nos premiers parents dans un lieu de délices : là, le mal n'était pas, le travail, le froid, la souffrance la maladie était inconnus. Seul, l'arbre de la science du bien et du mal jetait un point noir sur ce séjour merveilleux. »

Nous avons vu, d'autre part, que les anciens avaient divisé l'année équinoxiale en deux parties : l'une, de *l'agneau* à la *Vierge*, inclusivement, la saison de printemps et d'été, le règne de la lumière, de la chaleur, de l'organisation et de la beauté de la nature, du bien en un mot ; l'autre, de la *Balance* aux *Poissons*, la saison d'automne et d'hiver, le règne des ténèbres, du froid, de la désorganisation de la nature, du mal enfin. (1)

Or, la désorganisation de la Nature par la saison d'hiver, commence immédiatement après l'équinoxe d'automne (*Balance*), sous le signe du *Sagittaire*, ou *Serpent*.

Retournant à Adam et Eve dans le paradis terrestre, nous constatons que la cause de leurs malheurs est le *Serpent*, cet animal personnifiant l'esprit du mal, les ayant en effet poussés à manger du fruit de l'arbre de vie et de mort, lequel arbre n'est autre chose que l'allégorie du signe de la *Balance* (équinoxe d'automne), auquel on ne peut nécessairement toucher, sans retomber dans le désordre de l'hiver, avec ses longues nuits et ses frimas. Quand on aura remarqué, pour

---

(1) D'après la cosmogonie des Perses, le règne du bien devant durer six mille ans, le règne du mal six autres mille ans. En substituant le mot *mois* au mot *an*, nous avons l'explication de l'allégorie, qui n'est autre, en effet, que l'histoire de la révolution solaire annuelle.

preuve plus certaine, que le signe de la *Balance*, (*Vendémiaire*, dans le calendrier républicain, Octobre, dans le calendrier grégorien) correspond à la saison des pommes, on comprendra pourquoi les auteurs du christianisme ont fait produire ce fruit, de préférence à un autre, à l'arbre de l'Eden.

De plus, la Bible dit qu'après sa chute, l'homme connut le froid et fut contraint de labourer la terre. Ne sont-ce pas là encore, des signes précurseurs de l'hiver ?

Le Déluge, l'Arche de Noé et toutes les fables de l'ancien Testament ne sont donc que des répétitions grossières et déformées des légendes bâties sur les anciens Dieux qui, dans les premières civilisations, personnifièrent la lumière, la chaleur, le soleil, et les principe contraires.

Laissons de côté ces points secondaires et examinons rapidement ce qu'il reste des coutumes du polythéisme, ou religion universelle, dans les pratiques de la religion catholique romaine.

Le premier objet qui frappe les yeux, en pénétrant dans une Eglise, est le bénitier. Tout le monde sait qu'il contient de l'eau dite « bénite », dans laquelle on trempe le bout du doigt avant de se signer. C'est l'antique coutume de la purification par l'eau. Les anciens regardaient à juste titre cet élément comme un principe régénérateur. En tombant des nuages, en débordant des fleuves, l'eau purifiait la terre, lui donnant une nouvelle vigueur et fécondant ses poussières. (1) L'eau nettoyait tout, effaçait toute souillure. De là aussi l'origine du *baptême*.

Avançant sous la nef, — dans une église, toujours, — tout au fond et souvent regardant l'Orient, au moins dans les anciens monuments, se trouve le *maître autel*, sur lequel on distingue :

Le *tabernacle*, sorte de niche luxueusement décorée de draperies étoilées. Le tabernacle a conservé le nom d'une grande fête autrefois célébrée chez les Juifs : la fête des *tabernacles* ou des tentes. Au moment de la *Pâques*, plus de

---

(1) On remarquera que, dans l'Eglise catholique, on célèbre la purification un peu avant l'équinoxe de printemps, à peu près sous le signe du *Verseau*, ou des pluies.

2.000 ans avant J.-C., les Juifs se retiraient dans le désert, sous des tentes basses, faites de peaux de chèvres, et sacrifiaient à leur Dieu en immolant des *agneaux* blancs.

Dans ce tabernacle, se trouve le *calice*, sorte de vase précieux, emblème du néant au sein duquel le Créateur a semé la vie, d'après des cosmogonies antérieures au catholicisme de plus de 3.000 ans. Cette vie est personnifiée, chez les chrétiens, par le vin, auquel, selon leur dogme, se substitue le sang de Jésus-Christ, dans le sacrement de l'eucharistie.

A côté du calice, quelquefois exposé devant le tabernacle, se voit le *Saint-Sacrement*, image en or du soleil au milieu duquel l'*hostie*, est incrustée.

Dans la communion, la chair du Christ se substitue, enseigne le christianisme, au pain de cette hostie.

Sur les autels chrétiens, on observe souvent des chandeliers à *sept* branches, toutes sortant d'une même tige, emblème des *sept* planètes de notre système, issues du soleil ou de la nébuleuse qui lui a donné naissance. Les nombres *sept* et *douze* sont répétés d'ailleurs un grand nombre de fois dans les écritures et dans l'*Apocalypse*.

Dans tout sanctuaire, brûle ordinairement, *jour et nuit*, une petite lampe souvent garnie d'un verre rouge, devant l'image de Jésus ou du Sacré-Cœur. Encore le culte du feu, le culte du soleil. Chez les Romains, des prêtresses, les *Vestales*, entretenaient, elles aussi, jour et nuit, le feu sacré sur l'autel de Vesta, déesse de la lumière.

Pour peu qu'une église possède quelques sculptures, quelques vitraux ou quelques peintures, il est rare qu'on n'y remarque pas, soit l'image d'un jeune homme portant un agneau sur ses épaules, soit simplement un agneau couché au pied d'un vase dans lequel son sang coule, d'une croix ou d'un gros livre (le livre de la Fatalité, fermé de *sept* sceaux). Cet agneau est encore un emblème du feu, dont il tire son nom, du reste. L'agneau symbolisait Dieu sur tous les temples des premiers chrétiens; ce n'est que plusieurs siècles après la fondation du christianisme, en 680, sous le pontificat d'Adrien 1er, d'après Dupuis, que l'agneau fut remplacé par un homme cloué à une croix, qui elle-même, tire son origine de la légende païenne des quatre nains soutenant la voûte du ciel, nains qui représentaient les quatre points cardinaux.

Qui n'a appris, ou simplement entendu réciter le fameux *Agnus Dei* : « *Agnus Dei qui tollis peccata mundi, exaudinos !* Agneau de Dieu qui effacez les péchés du monde, exaucez-nous ! »

Et l'Agneau, en effet, dans les divers systèmes polythéistes ou panthéistes qui ont précédé la religion du Christ, effaçait, non pas les péchés du monde, mais réparait le mal causé par l'hiver, puisqu'au signe constellaire qui porte son nom, répondait le retour du printemps.

Voilà pour les pratiques. Deux mots sur les fêtes :

Nous avons vu l'origine de la Noël et de la Pâques. Restent des fêtes secondaires, toutes dérivant des croyances du polythéisme : fictions astronomiques ou culte du Dieu universel. Nous n'en analyserons que quelques-unes.

Le 15 avril se célèbre la fête de l'*Assomption* de la Vierge, c'est-à-dire de la réunion de la Mère à son Fils. Eh bien, à cette époque, le soleil, enfant de la Vierge des constellations au solstice d'hiver, se réunit à elle et l'enveloppe de ses feux.

La *Purification*, qu'on célèbre aussi en certaines contrées, à l'aide de torches enflammées et de feux de joie, — fête dite des *Brandelons*, ou *Brandons*, en Berry, — n'est que la tradition des fêtes autrefois instituées en l'honneur de Cérès, Déesse des moissons (autre personnification de la constellation de la *Vierge*, ou *Epi*), qu'on représentait dans les temples païens, pourchassant pendant la nuit, une torche à la main, *Proserpine*, femme de *Typhon*, Dieu des ténèbres.

Le *Carnaval*, ou mieux, les jours gras, ne sont qu'une suite dégénérée des antiques *bacchanales*, fêtes données en l'honneur du divin *Bacchus* (autre personnification du soleil), dans la vieille Grèce et dans l'ancienne Rome.

Voilà, dans toute leur simplicité, les origines véritables des dogmes et des fêtes de l'Eglise. Les théories exposées dans ce chapitre, ne sont pas le fruit d'une imagination partiale, comme celles trop souvent développées dans les œuvres de nos théologiens. Je me suis basé sur des faits *historiques irréfutables*, parce que contenus dans tous les monuments que nous a légués l'antiquité.

Bien des choses intéressantes resteraient à dire à ce sujet, bien des points dogmatiques seraient à réfuter, notamment en ce qui concerne la présence de Dieu *tout entier* dans chaque hostie, pendant la communion, et aussi en ce qui a trait à la situation exacte dans l'univers, du paradis et de l'enfer, que les curés ignorants des siècles passés ont toujours représentés l'un *en haut*, l'autre *en bas*, — comme s'il y avait, dans notre système sidéral, un haut et un bas, — mais sur lesquels les prêtres éclairés glissent aujourd'hui volontiers.

Je ne fatiguerai pas le lecteur de ces analyses accessoires ; que celui-ci se pénètre seulement des quelques vérités plus haut démontrées, il sera, je crois, suffisamment prévenu contre les apparences quelquefois séduisantes d'une religion au fond incohérente, suffisamment armé contre les atteintes redoutables de ce mal terrible et souvent incurable, la destruction de la raison par l'aveuglement de la foi.

CHAPITRE IV

De la morale chrétienne et de l'inutilité des Religions

Quelques philosophes et même, hélas, un certain nombre d'hommes d'Etat, prétendent qu'une croyance, une religion est nécessaire aux peuples pour réfréner leurs mauvais instincts. Sans la crainte d'un châtiment extra-terrestre, ou l'espoir d'une récompense dans une vie future, la seule morale, affirment-ils, n'aurait aucune puissance. Et quand bien même, ajoutent ces philosophes, les religions seraient pures créations de l'imagination des hommes, on devrait les entretenir avec soin, les encourager même, « parce que le peuple est et sera toujours un grand enfant qui a besoin de loups-garous et de croquemitaines pour l'effrayer et l'arrêter à temps dans la satisfaction de ses penchants vicieux, ulcères destructeurs des sociétés. »

Pour bien montrer tout ce que ce pitoyable raisonnement contient d'erroné et d'illogique, analysons en quelques mots les bases de la morale chrétienne.

L'Eglise enseigne que l'homme a été créé pour « connaître

Dieu, l'aimer, le servir, et par ce moyen, obtenir la vie éternelle ». Tout, dans la vie du chrétien convaincu, doit donc tendre à obéir à son Dieu, c'est-à-dire à *l'aimer*, le *servir*, POUR OBTENIR LA VIE ÉTERNELLE. Mais, pour jouir de cette vie éternelle, c'est-à-dire, après la mort, s'en aller au séjour des Bienheureux, près du Divin Maître, en compagnie des anges et des saints, que faut-il faire ? Est-il exigé que l'existence sur terre soit exempte de toute souillure ? Pour mériter le ciel, le chrétien doit-il passer sa vie en prières, consacrer son temps, ses ressources à soulager ses semblables ; doit-il, ce chrétien, ne jamais succomber à la tentation de l'orgueil, de l'avarice, de l'envie, de la luxure, de la colère ou de la gourmandise ? Non ! il peut se laisser aller à tous ses mauvais sentiments, satisfaire les exigences les plus grossières de ses sens, commettre, même, les plus grands crimes, et ce, pendant toute sa vie, il n'ira pas en enfer si, au dernier moment, il sait se repentir, car « Dieu est infini dans sa miséricorde comme dans sa réprobation ! »

Voilà, si je ne me trompe, de la saine morale !

Si un homme est, par sa nature, porté vers le vice, rien donc n'est changé, qu'il soit croyant ou qu'il ne le soit pas, puisque sa croyance ne l'empêchera pas de pécher, certain qu'il est à l'avance, d'obtenir le pardon de ses fautes.

Mais si, au contraire, un autre homme, ayant en lui un sentiment inné de vertu et de philanthropie, possède en même temps la foi, cette foi est bien susceptible de l'arrêter dans l'accomplissement de ses devoirs sociaux. Préoccupé, toujours et partout, de l'unique souci de son salut, préoccupation que ne viendra pas même distraire la tentation des plaisirs impurs, cet homme, peu à peu, se renfermera en lui-même. Ecœuré par le honteux spectacle des bassesses de ses contemporains, il en viendra sûrement à faire le plus parfait égoïste qu'il soit permis d'imaginer. Voudra-t-il essayer, seulement, d'arrêter les égarés sur la pente fatale ? A quoi bon, il sait qu'il n'y réussirait pas. D'ailleurs, il se croit inspiré : Dieu l'appelle à un état de perfection qui ne lui permet pas le contact avec ses frères, souillés et corrompus : à piétiner dans l'ordure on finit par se salir !... Et cet homme, peu à peu exalté par la prière et la méditation mystique, oubliera ses concitoyens, ses amis, sa famille. Belles choses, que tout cela, à côté de la possession du Créateur ! Il oubliera tout, allant parfois jusqu'à s'oublier lui-même, souffrant pour le plaisir de souffrir, grisé, hypnotisé, par l'espoir de l'éternelle mais problématique récompense.

Et, pendant que ce cœur, bon et vertueux par essence, se fermera pour toujours à l'amour de l'humanité, pendant que ce cerveau, qui peut-être, renfermait une intelligence capable de grandes choses, s'atrophiera en des songeries aussi creuses que mensongères, l'oppression et la misère continueront à enlacer la terre de leurs trames hideuses, la société agonisante aura perdu un peut-être de ses meilleurs défenseurs.

Et voilà encore un bienfait de la morale chrétienne ! On en pourrait citer cent autres.

Il est à considérer, du reste, que les hommes, les peuples les plus religieux, sont loin d'être les plus vertueux.

Qui n'a frémi d'épouvante, en parcourant l'histoire, au récit des crimes atroces, de tous temps commis par ceux qui se disaient serviteurs d'un Dieu de justice et de bonté ? N'avons-nous pas eu des papes incestueux, assassins ? N'avons-nous pas eu des moines donnant l'exemple de la débauche la plus ignoble, corrompant les filles, viciant le sang du malheureux peuple ? N'avons-nous pas eu des rois ordonnant ou laissant commettre, sous l'œil bienveillant de leur toute puissance et sous l'égide de la foi, de hideux massacres, comme la St-Barthélémy, ou d'inhumaines tortures, comme celles de l'Inquisition ?

En ces temps, ensevelis à jamais sous la poussière d'un passé rouge de sang, tout était permis au nom de Dieu, l'être parfait, pour sa gloire et pour sa vengeance.

Au moyen âge, à l'ombre du drapeau chrétien, l'homme n'est plus un homme, mais une bête sauvage. Le maître commande, l'esclave obéit, et tous deux sont lâches, vils, immondes. Un esprit généreux veut-il, poussé par la droiture de sa conscience, essayer de lever au milieu des ténèbres un flambeau libérateur, tenter de faire luire, autour de lui, sur ses frères abrutis de misère et d'ignorance, un pâle éclair de la saine raison, c'est un envoyé du diable, dépêché des enfers pour la perdition des hommes; il faut le punir, il faut le supprimer. Et, les prêtres, tout puissants, s'en emparent, le questionnent. La franchise, la clarté de ses réponses, exaspèrent ces gens, habitués à ne laisser percer un bout de leur pensée qu'à travers un tissu de mensonges, en une langue particulière faite de sous-entendus et de restrictions, ils voient en lui un adversaire dangereux, susceptible de troubler leur repos, d'abaisser leur orgueil, de déjouer peut-être leurs ambitieux calculs, en secouant la torpeur séculaire des foules, en semant à pleine bouche la parole de vérité, germe des révoltes. Ils vont le condamner sans plus l'entendre, il le faut, la vitalité de l'Eglise est en jeu, et son châtiment sera exemplaire.

Ombres sinistres des Dominique et des Torquemada, réjouissez-vous !

Brillez, flammes des bûchers, scintillez, glaives sanglants, grincez, roues maudites, meurtrissez, fouets cinglants, coins broyeurs, griffes acérées; ouvrez vos portes, sombres *in-pace* et frémissez, charniers des oubliettes, le mensonge, l'emportant sur la vérité, vous sacrifie encore une victime !.....

— La religion, nécessaire à la morale ? Mais ouvrez donc les yeux, malheureux qui prêchez pareille doctrine ! Interrogez l'histoire, ouvrez les sépulcres et consultez les morts ! Vous ne savez donc rien, et à cette heure même, la vérité ne vous éblouit donc pas ? Ouvrez les journaux, messieurs ! Leurs colonnes sont noires des noms de religieux qui, chaque année, par centaines, se font voleurs, assassins, qui, chaque jour, par milliers, souillent nos enfants, nos femmes !

Et ne les voyez-vous pas, ces prêtres, ces évêques, ces cardinaux, ce pape, amonceler des richesses au nom d'un Dieu de pauvreté, thésauriser toujours, thésauriser encore, vivre du pain du malheureux, de la sueur du prolétaire, du sang de l'affamé ? Ne les entendez-vous pas, ces vampires à face humaine, répondre au déshérité, leur victime, qui, humble et courbé, vient frapper à leur porte : « Mon bon ami, ne vous plaignez pas; Dieu vous a choisi entre les mortels pour porter la palme du martyre. Souffrez pour l'amour de lui avec patience, avec résignation, votre salut est à ce prix. La grande famille chrétienne est avec vous de cœur et votre saint curé priera pour vous et dira des messes à votre intention..... moyennant quelques pièces blanches que Dieu vous donnera le courage de sacrifier encore à sa gloire ! »

Mais qu'appelez-vous donc morale, messieurs les théologiens ?.....

Pourquoi le chrétien doit-il se mettre en garde, et encore, autant que la cause de l'Eglise le permet, contre le péché ?

Pour mériter le ciel et éviter l'enfer, dites-vous.

Ainsi, c'est dans l'espoir d'une récompense et dans la crainte d'un châtiment éternels, que vous prétendez faire le bien, vous, messieurs. Si l'enfer et ses tourments n'étaient pas, si le ciel, éblouissant de promesses ne vous souriait à travers la tombe, que feriez vous ? Qui vous arrêterait, dans ce que vous appelez la voie de perdition ?

Rien, rien et rien ! parce que l'égoïsme est la base de votre prétendue vertu. C'est pour vous, et pour vous seulement, pour votre salut, pour votre bonheur propre et non pour celui des autres, que, parfois, quand vous êtes sincères, vous accomplissez un semblant de bonne action. Or, l'égoïsme est un vice, un vice dangereux, un vice mortel pour la collectivité, et nulle morale ne peut être vraiment bonne, vraiment efficace, si elle repose sur un principe mauvais, contraire à la vertu.

Voudra-t-on prétendre encore que la religion est nécessaire aux peuples ? Jetez un seul coup d'œil sur l'histoire de la Pologne, sur celle de l'Espagne, «fille de l'Eglise», regardez encore l'Italie, que frappe la décadence et que ronge la misère ! Voilà des pays religieux ! Que la foi ne les a-t-elle sauvés ?..... Et notre France, cette France qu'osent aujourd'hui, après quatorze siècles d'obscurantisme, prétendre défendre, au nom d'une liberté plus monstrueuse que les plus lourdes chaînes, les honteux mannequins d'un parti sans nom, cette France, dis-je, quel mal ne lui a-t-elle pas fait, sous tous les noms et dans tous les siècles, la sainte religion chère aux conspirateurs ? Au nom du Dieu de paix et d'amour, a-t-il assez coulé, le sang de nos aïeux ? Que d'esprits généreux anéantis, que de flots vermeils, que de larmes amères, répandus pour prédestaliser le mensonge !

Ce serait, en vérité, comme l'a dit excellemment un matérialiste distingué, combattre les religions avec trop d'aisance, que d'énumérer seulement la centième partie des crimes commis, en tous temps et dans tous les pays, par les prêtres de toutes les sectes. Cette effrayante, mais éloquente statistique, serait le plus hideux tableau que l'homme pût contempler de ses malheurs et de son délire. Par respect pour l'humanité, épargnons-lui cette humiliation.

Faut-il rechercher, dans la religion chrétienne, quelque pâle enseignement de justice ? Le Dieu « parfait » n'est pas juste lui-même ! Courbez-vous, mortels, admirez ses inconséquences :

Le catholicisme est seul vrai, d'après l'Eglise, bien entendu, et sur un milliard trois cent millions d'habitants que compte environ la terre, une centaine de millions à peine connaissent la Révélation ! En admettant que ceux-ci pratiquent la religion et méritent le ciel, ce qui est loin d'être exact quant au nombre, après leur mort, que deviendront les autres ? Dieu les a-t-il créés avec le noir dessein de les punir éternellement du crime atroce d'être nés sous des cieux où n'a jamais retenti sa parole immortelle ? Ah, croyez moi, cette seule constatation de la diversité des croyances nuit au prestige divin ; elle porte à l'inépuisable charité, à l'impeccable justice du créateur, à son ineffable bonté, une mortelle atteinte. Un être parfait par essence peut-il être capricieux ?

Et puis, pourquoi, lui, tout puissant, permet-il le mal ? Pourquoi laisse-t-il se couvrir la terre d'une lèpre hideuse d'atrocités sans nom ? Pourquoi nous laisse-t-il succomber, nous si faibles, à la tentation des actions néfastes ? Pourquoi, enfin, sachant que les trois quarts au moins seraient damnés, le juste des justes a-t-il créé les hommes ? Est-ce pour le plaisir de les sacrifier à sa gloire, pour leur faire expier dans d'éternels supplices, leur involontaire et fatale impuissance ?

Mais vous l'insultez, votre Dieu, chrétiens aveugles ! vous ne l'insultez pas seulement, vous le reniez ! Oui, vous le reniez ! Car un être parfait ne saurait produire aucune imperfection, et le mal existe ! Le mal existe, non seulement sur la terre, où les hommes à la rigueur auraient pu le faire naître, mais il existe encore, d'après vos propres dogmes, au delà de la tombe, au sombre séjour des réprouvés, là où le mortel n'est plus qu'une ombre, une ombre condamnée et maudite sans retour.

O incohérence des incohérences ! la doctrine chrétienne

en est faite, ses ministres en sont pétris ! Et dire qu'on pourrait, comme cela, entasser des pages sur des pages, accumuler des volumes sur des volumes, mettre évidence sur évidence et preuves sur preuves, que les monomanes décolés, les fanatiques hystériques, imbus jusqu'aux moelles de la sempiternelle routine, têtus et persévérants dans leurs conceptions étroites, n'avoueraient jamais que leur foi est un non-sens grossier qui choque la raison, que leur fausse morale étouffe la voix de la conscience, comprime les élans du cœur, et que leurs pratiques ne sont que des mômeries indignes d'êtres qui vivent, d'hommes qui pensent !

Quittons ce terrain désolé, de l'inconscience humaine, et voyons quels rôles jouent, dans la famille et dans la Société, le prêtre et l'Eglise.

CHAPITRE V

Du rôle du Prêtre et de l'Eglise, dans la Société, dans la Famille et dans l'Etat

Qu'est-ce que le prêtre ?

Le prêtre est un homme, comme vous et moi, composé de chair et d'os, et qu'anime, comme tous les êtres, une parcelle de la force universelle, grand principe de vie, que nous étudierons plus loin.

Mais, ce qui différencie le prêtre du commun des mortels, le prêtre catholique du moins, c'est qu'il prononce, en entrant dans les ordres, plusieurs vœux, dont le vœu de célibat et le vœu de chasteté.

Ainsi, d'après ces vœux mêmes, les représentants de Celui qui a dit : « croissez et multipliez », demeurent ou devraient demeurer complètement stériles, c'est-à-dire ne jamais se prêter à la procréation d'enfants. Ce qui ne les empêche pas d'être de fervents apôtres de la repopulation, de recommander le mariage et d'encourager à une nombreuse postérité, par de bonnes mais peu dédommageantes paroles, ceux qui veulent bien prêter l'oreille à leurs discours.

Et cela se comprend. Dans une famille, — de travailleurs, je parle, — plus il y a d'enfants et plus la misère est grande; plus la misère est grande, plus les parents sont dociles à l'asservissement et plus facilement, dans l'espoir souvent déçu du reste, d'un peu de bien-être, le père se laisse entraîner au giron des professionnels du mensonge, des pourvoyeurs de l'oppression.

Les prêtres, donc, ne so marient pas, et pour cause. Mais, s'ils tiennent, en grande partie du moins, leur vœu de célibat, tiennent-ils leur vœu de chasteté?... Hum... demandez aux jurys des cours d'assises !... Et comment pourrait-il en être autrement ? Le prêtre, s'il est jeune et bien portant, a, tout comme un autre, des sens qui désirent, un sang impétueux qui bouillonne en ses veines, et son cœur, comme le cœur du commun des hommes, bondit parfois en sa poitrine devant quelque gentille paroissienne. Plus que tout autre, même, le prêtre est exposé à l'amour. N'a-t-il pas, pour l'exciter encore, l'intimité du confessionnal ? Et je vous demande, quand un prêtre est souffle à souffle avec une jeune fille, ardente souvent et quelquefois jolie, qui, naïvement ou malicieusement, lui débite quelque folie de la quinzième ou de la vingtième année, poussée, pressée par les questions précises et éhontées du confesseur qui possède sur le bout du doigt ses « diaconales » (1) et en use, je vous demande, dis-je, si, à moins d'un tempérament spécial ou d'une profonde altération physique et mentale, le prêtre peut rester impassible et subir sans broncher les attraits de ce Dieu mystérieux qui vient folâtrer à ses pieds, la tentation de cette chair, virginale ou délicieusement impure, qui, derrière quelques planches, tressaille de vie et de désirs impétueux !

Quelquefois, pourtant, le prêtre repousse, en apparence du moins, l'obcédente tentation charnelle, et dédaigne la femme.

Tous les échos nous apprennent que, malheureusement, il se laisse souvent aller à des extrémités pires, et la foi qui devrait, au moins chez les ministres de Dieu, préserver du péché, ne réussit pourtant pas toujours à en arrêter un certain nombre dans des pratiques odieuses et anti-naturelles, autrefois fort en honneur, dit-on, dans l'antique Sodome.

Vivre à l'exclusif dépend de la Société, sans rien produire

---

(1) Manuel des Confesseurs en usage chez les Sulpiciens.

d'utile et sans engendrer d'êtres humains, tel est le rôle naturel et légal du prêtre.

S'il se contentait de cela !

Personne n'est obligé de travailler, sur terre, ceux qui sont assez habiles pour trouver des bras généreux leur procurant le nécessaire à une douce existence, le peuvent faire impunément, la loi ne le défend pas, bien que ce fut là un principe contraire à la vraie morale.

Personne, non plus, n'est obligé d'avoir des enfants ; ceux qui en ont le moins sont simplement les moins à plaindre, et notre civilisation a autant de considération pour l'homme volontairement stérile que pour le père d'une famille nombreuse. Le prêtre a donc encore une fois raison, eu égard du moins à nos coutumes qui semblent justifier la philosophie mélancolique et désabusée des Malthus ou des Stuart Mill, mais qui, au point de vue humanitaire et social, sont loin d'être des modèles de perfection.

Glissons donc sur le célibat des ensoutanés ; glissons sur leur stérilité, glissons aussi, puisque nous sommes en veine de concessions, sur leurs impuretés personnelles, bien que tout cela soit nuisible à la collectivité ; quant aux impuretés qui s'étendent jusqu'à violenter nos femmes, violer nos filles et souiller nos fils, des lois existent, pour les réprimer. N'en parlons donc pas davantage.

Mais, que fait encore le curé ?

Se borne-t-il à célébrer les offices de son culte, à prier pour les pécheurs ?

Célébrer les offices, prier, c'est le métier ; ça c'est pour la galerie. Aussi, le fait-on avec pompe, avec ostentation. « Convertir les pécheurs » est une autre affaire, qui réclame moins de bruit, moins de lumière, mais plus d'adresse, plus de prudence. Et le frocard s'y entend à merveille.

Il s'insinue dans les familles, doucement, lentement, mais progressivement et sûrement, et lorsque; pieuvre terrestre, ses sournoises et mortelles tentacules sont suffisamment ancrées dans la place, il commence à exercer ses ravages, semant l'inimitié et la désunion, là où il ne peut entièrement dominer.

Pour conquérir le père, le curé s'attaque d'abord à l'enfant ; il lui tape amicalement sur la joue, le caresse, lui offre des images, des bonbons. Par l'enfant, il fait connaissance de la femme, qu'il attire peu à peu à lui en la flattant dans son amour-propre de mère, en l'excitant dans son beau rôle de fée consolatrice du foyer, en lui prodiguant mille compliments, en lui faisant espérer, enfin, si elle consent à suivre ses conseils et à « pratiquer régulièrement ses devoirs de chrétienne », une situation meilleure pour son mari, une position d'avenir pour son fils.

Et la femme, faible souvent et d'imagination vive, prend pour des réalités les sornettes du suborneur. Elle en fait part à son mari, qui d'abord rit et quelquefois se fâche..... jusqu'au jour où le travail lui fait défaut, où la nécessité l'accule. Ce jour-là, le prêtre le guette : Bien en cour auprès des patrons, il sait que l'ouvrier ne sera embauché que sur sa recommandation ; cette recommandation, il ne la marchande pas, spontanément il l'offre. Le travailleur, à bout de ressources, éprouve bien un peu de dégoût, mais à la fin il accepte l'entremise du curé, et le tour est joué ! Voilà la famille entière l'obligée, la dépendance morale du prêtre !

Dans toutes les circonstances de la vie, désormais, pour ne pas perdre sa place et priver ses enfants de pain, le malheureux père sera contraint de prendre l'avis du curé qui, naturellement, conseillera toujours de façon à réserver à lui et à ceux de son clan, les plus avantageuses positions. Il interdira les « mauvaises fréquentations », les « mauvaises lectures », c'est-à-dire les hommes, les livres, les journaux, susceptibles de propager la lumière et de hâter la marche du progrès, il obligera le père à envoyer ses enfants à l'école congréganiste et plus tard au patronage, il leur inspirera à tous la haine de la République, et, au jour des élections, c'est lui qui choisira le bulletin que l'électeur terrorisé devra jeter dans l'urne.

Par cette main-mise sur l'électeur, le prêtre a un pied dans l'Etat ; les élus de son bord sont ses obligés et, si leur nombre est majorité, comme il est, hélas, arrivé trop souvent, c'est le prêtre, c'est l'Eglise qui gouverne le pays.

Oh, alors, adieu la liberté, adieu l'indépendance ; nul n'a le droit de parler, nul n'a le droit d'écrire, si ce qu'il avance n'est pas conforme à l'esprit dogmatique. Peureuse, la vérité se cache, prudente, l'histoire se voile ou falsifie ses récits, tout ce qui a quelque tendance à favoriser l'émancipation matérielle ou intellectuelle des masses, est soigneusement étouffé en son germe.

Ne criez pas à la calomnie, pieux défenseurs de l'autel... On les a vus, les siècles de foi ! Vous avez appris nos ancêtres à lire, dites-vous, c'est vrai, mais à la lecture se bornait toute leur science, car les seuls livres qu'on daignait mettre entre leurs mains étaient la Bible, les Evangiles et quelques prônes choisis. Voilà, n'est-ce pas, de saines et instructives lectures ! Avec une éducation pareille, nos pères ne risquaient pas de devenir libres-penseurs. Et d'ailleurs, ne leur prêchiez-vous pas l'humilité, la résignation, l'abnégation ? Ne cherchiez-vous pas à leur prouver, par cent théories habiles mais outrageusement sophistiques, qu'eux avaient le beau rôle et vous le mauvais ? Ne leur faisiez-vous pas accepter leur misère presque avec joie, tandis que vous vous gorgiez de tout ce qui manquait à leur nécessaire ?

Oui, nous les avons vus, les siècles de foi ! vos mains traîtresses n'ont pas arraché à l'histoire toutes ses pages, et vos saintes jérémiades ne réussiront pas à effacer la tache endeuillée et sanglante que vous avez étendue sur l'humanité pendant de trop longs siècles.

Consolez-vous, bonnes âmes, et prenez-en votre parti : votre règne est fini, bien fini, votre puissance à jamais déchue. « La vérité est en marche, et rien ne l'arrêtera », a dit un de nos immortels contemporains : Ce noble et vaillant apôtre de la Justice et de l'Humanité a prononcé là, contre vous, une irrévocable sentence. Ce cri du cœur, c'est la condamnation de vos crimes, la fin sans retour de vos intrigues ténébreuses; c'est le doigt libérateur montrant le sentier de l'avenir émergeant de l'ombre, route indécise encore mais empourprée des rayons naissants de l'astre tutélaire qui doit effacer le mensonge, l'arbitraire et le crime, pour ne faire place qu'à la lumière, à la justice, à la fraternité !

CHAPITRE VI

De la morale naturelle et des conséquences involontaires et réciproques des actions des hommes.

Il est une morale absolument pure, absolument exempte de tout esprit de superstition, de tout calcul grossier et rigoureusement personnel, une morale basée sur l'observation générale des choses et des êtres, scientifiquement établie d'après la loi immuable de solidarité universelle, fatale et involontaire. J'ai nommé la morale naturelle.

Qui ne comprend aisément, en examinant un peu à fond les choses, qu'en occasionnant un tort quelconque au prochain, une partie de ce tort retombe sur celui qui l'a causé, si de son côté, le prochain se livre aux même pratiques deshonnêtes ?

Que deviendrait une société où chacun de ses membres consacrerait ses efforts et ses ruses à fruster ses semblables d'une partie de leur individuelle propriété ? Est-ce que le vol, généralisé, profiterait à quelqu'un ? A quoi servirait de prendre dans la poche du voisin, si ce voisin, simultanément, se permettait de visiter votre armoire ? Cet état de choses, non seulement ne serait avantageux pour personne, mais il aurait, de plus, le grave inconvénient d'exciter la colère, de susciter les disputes, les rixes, de fomenter la haine et d'accroître, en d'effrayantes proportions, le nombre des assassinats.

Or, je vous le demande, à quoi bon dépenser son temps et son intelligence à machiner des entreprises toujours grosses de risques qui, un jour ou l'autre, infailliblement se retourneront contre vous ? Un peu, un tout petit peu de logique, et le vol, l'assassinat disparaîtront, au moins dans une large mesure. Nul besoin pour cela, d'une crainte chimérique ou d'un espoir mensonger : le simple raisonnement suffit.

Mais les crimes passionnels, direz-vous ?

Les crimes passionnels, n'échappent pas à cette règle. Ils seront combattus en vertu des mêmes principes, et comme eux, s'évanouiront en grande partie devant la raison qui les préviendra.

Ils ne faut pas prétendre, d'ailleurs, arriver à faire jamais de l'homme un être parfait. La perfection n'est pas du domaine de la matière consciente ; je crois même, à l'encontre d'un grand nombre de penseurs, qu'elle n'existe nulle part dans la nature.

Il y aura donc toujours, et quel que soit le degré de perfection morale des sociétés, des crimes inspirés par la jalousie, la haine, ou la colère, mais grâce à une éducation spéciale, ces crimes deviendront de plus en plus rares.

Quant aux délits purement individuels : la basse satisfaction des vices les plus abjects, les impuretés de toutes sortes qui, en apparence, n'engagent que la personne qui les commet, ils ont, eux aussi, leur répercussion sur la société entière, en ce sens qu'un homme moralement dégradé et physiquement affaibli par la débauche, n'est plus qu'une ombre d'homme, incapable d'aucune action généreuse ou simplement utile, impuissant même à engendrer des enfants sains et robustes, futurs soutiens, espoirs des sociétés.

Et qui ne désire, pour ses enfants, la santé de l'esprit et du corps ? Qui ne souhaite, au fond de lui-même, pour la terre qui l'a vu naître, une plus grande prospérité ? Ceci n'est pas du chauvinisme, comme trop malheureusement il se grêle encore sur nos jeunes générations, c'est un sentiment naturel, gravé au cœur de tout homme que n'a pas atrophié une éducation sophistique.

Au lieu d'effrayer l'imagination par le spectre terrifiant d'un Dieu vengeur armant pour sa gloire toute une armée de démons, au lieu de dire aux natures faibles : si vous volez, si vous tuez, si vous vous livrez publiquement à des pratiques contraires aux mœurs, l'amende, la prison, le bagne sont là pour vous punir, il serait bien préférable, à plus d'un titre, je crois, de faire comprendre à l'enfant, à l'adolescent, à l'adulte, que toute mauvaise action a sa répercussion, directe ou indirecte, personnelle ou réciproque, sur lui-même, sur ses frères ou sur sa descendance.

On enferme chaque année, en des lieux dont la civilisation devrait rougir et que l'on qualifie « maisons disciplinaires », des centaines de malheureux qui s'y corrompent souvent davantage, et pour qui l'école ou la maison de santé serait un curatif plus efficace...

Je ne veux pas rechercher ici ce que la justice actuelle a

d'imparfait, dans ses pratiques comme dans ses conséquences, je tiens seulement à démontrer que le respect de la Vertu imposé par une crainte *irraisonnée*, est absolument inefficace, quelquefois même nuisible.

Il serait injuste, pourtant, de dire qu'on ne trouve pas çà et là, dans les préceptes religieux, quelques maximes moralisatrices. Hélas, ces maximes ne semblent exister que pour mieux faire ressortir la conduite contradictoire de ceux qui les prêchent. Appuyées, d'ailleurs, sur le mensonge, étayées d'idées fausses, combattues parfois par d'autres principes fondamentaux de la religion qui les enseigne, ces maximes, qu'aucune explication ne vient justifier, n'apparaissent que comme une importune législation, arbitrairement édifiée pour le désagrément de l'humanité. A la vérité, les chrétiens, d'ordinaire, ne s'y arrêtent guère, et le prêtre ne daigne pas même leur consacrer cinq minutes dans ses prônes.

« La morale ? Ah non par exemple, ne parlons pas de cela ! Il ne faut pas effaroucher les fidèles. L'église deviendrait déserte ! La morale ?.... hum, soyons plutôt conciliant, se dit le judicieux curé, car qui n'a pas, et moi-même le premier, quelque péché mignon sur la conscience ? »

Et voilà pourquoi, et voilà comment, les quelques beaux axiomes contenus dans le Décalogue et dans les Évangiles demeurent et demeureront toujours stériles. Bien plus, car l'Eglise n'ordonne pas directement le mal, habituellement du moins, mais elle le tolère, et en le tolérant elle l'autorise, ce qui est tout comme.

La morale naturelle, au contraire, prévient le vice et l'anéantit avant qu'il n'ait germé. Un repentir aussi platonique et inutile que souvent peu sincère, formulé au dernier moment, ne lui suffit pas. Le pardon ne trouve place chez elle qu'autant que la faute commise a été réparée en juste proportion : Avec la morale naturelle, le respect et l'amour de l'humanité remplacent l'injure et la haine, la vérité triomphe du mensonge, la charité, noble et désintéressée, l'emporte sur l'égoïsme.

« Ne fais pas à autrui ce que tu ne voudrais pas qui te fut fait ». Ce précepte, qui, d'ailleurs, et je tiens à le faire remarquer, n'est pas un monopole du christianisme, puisqu'il fut préconisé bien antérieurement par tous les philosophes de l'antiquité, devrait être la loi commune et naturelle. Complété par « fais aux autres ce que tu voudrais qui te fut fait », c'est la règle infaillible qui conduit au chemin de la vertu, c'est la lumière douce et forte, aux bienfaisants rayons de laquelle s'épanouit la santé du corps et la sérénité de la conscience !

CHAPITRE VII.

De la non-existence d'un Être suprême conscient. — Spiritualité et Matière

En ce qui concerne l'existence d'un être ou d'une force suprême, qui gouverne les choses, les esprits sont partagés en deux catégories.

Les uns prétendent qu'il existe un être CONSCIENT, auteur et moteur de l'univers, un être qui voit tout, qui sait tout et qui dirige tout. Ce sont les *déistes*. Les autres admettent que tout ce qui existe part d'un même principe, est engendré d'une même cause, en vertu d'une force universelle et éternelle mais INCONSCIENTE : Ce sont les *athées*.

Examinons succinctement l'une et l'autre de ces deux théories

Les déistes soutiennent qu'un être vivant, de conformation humaine ou d'essence purement spirituelle, quelquefois l'un et l'autre, a présidé à la formation et à l'organisation des choses. Ils allèguent comme preuve que l'univers n'a pu s'engendrer tout seul et qu'un créateur a dû le précéder. De bonne foi, qu'elle est la valeur de cet argument ? Si un être a créé l'univers, qui a créé cet être lui-même ? Car il est au moins aussi difficile à admettre que cet être se soit engendré tout seul, qu'il est aisé d'avancer que l'univers soit le produit du hasard. Confinés dans une obscurité que ne peuvent dissiper nos sens matériels et grossiers, nous nous plaisons généralement à croire que l'homme est tout, que tout a été fait pour lui. C'est ce qui a porté une grande partie des penseurs à se figurer un Dieu à face humaine. Ce Dieu conçu, on le représenta « tirant du néant, la matière ». Tirer du néant la matière ! Quelle expression obscure, à propos même de lumière ! Et d'abord, qu'est-ce que le néant ? Le néant existe-t-il !

Il est, par delà les orbes des planètes, un espace immense où rien ne se meut, ou rien n'est plus, en apparence du moins. Mais cet espace, que l'on appelle le vide, qui prouve qu'il n'est pas peuplé de milliards de mondes, d'une essence inconnue, dont l'organisation particulière de nos sens et l'imperfection de nos instruments ne nous permet pas de concevoir l'existence, de mondes, que dis-je, de systèmes, pour lesquels la monade de Leibniz, le plus infime de nos microbes, seraient plus colossalement immenses que tout ce que nous pouvons imaginer. Et ceci n'est pas scientifiquement impossible. Les philosophes, les mathématiciens de tous les temps sont d'accord pour déclarer que si la grandeur est infinie, la petitesse l'est aussi, car si, logiquement, on peut toujours ajouter à une quantité, une autre quantité, on peut toujours également retrancher, par la pensée du moins, une partie de l'unité, une autre partie de cette partie, et ce, sans jamais arriver à ne pouvoir plus rien retrancher de la partie qui reste, c'est-à-dire sans produire le néant.

Passons. Les déistes, donc, supposent une intelligence organisatrice, créatrice et motrice de l'univers. Un certain nombre de philosophes et Pascal le premier, sont saisis d'un pieux et profond étonnement en face de la mécanique céleste. Ils admirent la marche des astres, qui, éternellement, décrivent leur orbites, « sans jamais se rencontrer ». Ils veulent absolument voir là, l'intervention d'une main divine. « Quel prodigieux mécanicien, s'écrie Newton, dans un élan d'admiration naïve, a dû présider à l'organisation de l'univers ! »

Pour mon humble part, en vérité, je ne trouve en cela rien de bien étonnant. D'abord, il n'est pas exact que les astres ne se rencontrent jamais. Tous les jours, des chocs se produisent dans le ciel, — je n'en veux pour preuve que la disparition ou la transformation de certaines comètes, ainsi que la chute, sur notre terre, de fréquents bolides, — et les astres qui se meuvent sans se rencontrer avec d'autres, *le font tout simplement parce qu'il est possible qu'il en soit ainsi, et parce qu'il est impossible qu'il en soit autrement.*

Qu'admirent encore les déistes ?

Dans la nature, l'enchaînement des saisons : le réveil du

printemps, le développement de l'été, la maturité de l'automne, le repos de l'hiver. « Pourquoi, demandait un jour un grave théologien, un grain de blé jeté en terre, germe-t-il, pourquoi produit-il des racines et des feuilles; pourquoi ces feuilles s'enroulent-elles sur elles-mêmes, pour donner naissance à une tige, pourquoi la sève s'arrête-t-elle, de distance en distance, pour former des nœuds, et pourquoi au sommet de la tige, la fleur s'épanouit-elle, pour une fois fécondée, se flétrir et faire place à l'épi, qui reproduit un certain nombre de grains semblables à celui qui a engendré la plante ? Pourquoi ce bâton noueux et aride qu'est, pendant l'hiver un rosier, se couronne-t-il, au printemps, de feuilles et de roses? Pourquoi tout cela, et dans quel but mystérieux ? »

Pourquoi ? mais encore, parce qu'il en est ainsi ! S'il était possible qu'il en fût autrement, est-ce que les races du blé et des roses n'auraient pas depuis longtemps disparu ? Est-ce qu'une plante, un animal, à qui la conformation physique ne permettrait pas de se reproduire, aurait subsisté à travers les âges ? Et alors, pourrions-nous être étonnés de ce qu'il ne pourrait nous être donné de voir ? D'ailleurs, en ce qui concerne l'influence des saisons sur la végétation, n'avons-nous pas d'exemples, sous les tropiques et dans nos contrées même, où des plantes ne se dépouillent pas de leurs feuilles? Dans les régions glacées, la végétation est-elle la même, et se développe-t-elle avec la même vigueur que dans les contrées plus favorisées de la terre ? Pourquoi ? Tout simplement parce qu'il n'en peut pas être autrement.

En ce qui concerne les facultés de l'homme, je ne vois pas davantage qu'il y ait lieu de s'en émerveiller. Pourquoi admirer la relative perfection de son organisme, pourquoi s'étonner de cette intelligence, qui lui assure le monopole de la production du feu, et du langage articulé ? Est-ce que, sans ces avantages, en admettant qu'il ait survécu à l'époque glaciaire, il aurait pu, faible comme il l'est, dépourvu de naturels moyens de défense, résister aux attaques de la Nature ou des bêtes féroces ? Et alors, existerait-il aujourd'hui ?

Redescendant l'échelle et considérant des animaux de taille inférieure à celle de l'homme, est-ce que l'escargot sans sa coquille, les reptiles sans leur venin, les oiseaux sans leurs ailes, les insectes sans leur aiguillon, leur cuirasse ou même leur industrie, auraient pu réciproquement défendre leur existence et se perpétuer jusqu'à nous ?

Sans l'ordre que l'on déifie, rien ne saurait exister, puisque l'existence est limitée au possible. Aux âges secondaires et sans doutes primaires, sous l'influence de conditions climatologiques et cosmiques particulières, dont nous n'avons plus d'exemple de nos jours, la nature a dû faire des millions d'essais infructueux. Les atômes physico-chimiques ont dû se combiner de mille et mille manières et former des êtres incohérents qui n'avaient avec les races ou les espèces actuelles ou disparues, que de lointains rapports et qui n'ont pu se perpétuer à cause même de leur imperfection. Il n'est demeuré que ce qui pouvait demeurer.

Il n'y a donc pas lieu de s'étonner de l'ordre des choses ; nous ne voyons que le fini du travail ; l'ébauche n'a pas eu de témoins et le cercle des essais, du moins des essais accessibles à nos yeux, est à jamais fermé. Rousseau faisait erreur lorsqu'il comparait la formation de l'univers à la composition d'un livre. « On me dirait, écrivait ce philosophe, que des caractères d'imprimerie projetés au hasard, ont produit l'*Enéide* tout arrangée, que je ne daignerais pas faire un mouvement pour vérifier ce mensonge. » L'auteur de la *Profession de foi du Vicaire Savoyard* a oublié que des caractères d'imprimerie sont des choses produites artificiellement par la main des hommes, et qu'un livre est une autre chose, due aux patients efforts de l'auteur et du typographe. Rien, en cela, n'a de rapport avec les éléments de la nature, effets naturels et inconscients de causes naturelles et inconscientes. Des caractères d'imprimerie projetés au hasard, ne produiront vraisemblablement jamais l'*Enéide*, parce que dans la conception de cette œuvre entre une action étrangère, qui est la pensée de Virgile, mais ils sont susceptibles de produire des mots, des lambeaux de phrases, des phrases entières peut-être, suivant la quantité des jets.

Et si ces mots, ces phrases, se trouvaient être les seuls que nous puissions imaginer, comme il ne nous est permis d'imaginer que des astres, des animaux ou des plantes de même nature que ceux qui frappent notre vue, notre étonnement ne serait pas moins grand en les contemplant, et peut-être serions-nous tentés de croire qu'une intelligence organisatrice a présidé à leur formation.

Il n'est donc pas scientifiquement impossible que tout ce qui existe soit le produit du hasard, tout, au contraire, s'accorde à le démontrer.

Les déistes découvrent partout, dans la nature, une beauté, une harmonie des formes et des couleurs qui attestent, disent-ils, l'existence d'un peintre merveilleux, d'un sublime décorateur. Halte-là, messieurs, permettez-moi de vous dire que vous êtes le jouet d'une illusion. Qu'est-ce que l'harmonie des formes, la beauté des couleurs ? Pourquoi dites-vous : ceci est joli et cela est laid ! Qui vous guide dans ce jugement ? Un sentiment inné de la perfection dites-vous, sorte de vestige atavique qu'a laissé en vous le créateur !

Raisonnez un peu, s'il vous plait, et ne cherchez pas si loin en des théories spiritualistes au moins hasardées, une cause toute matérielle et simplement terrestre. N'avez-vous pas remarqué qu'on finit par trouver beau ce qu'on est habitué à voir ? Qui n'a pas éprouvé, à l'aspect d'un visage humain ne présentant pas la régularité de ceux habituels, une sorte de répulsion ? Cependant, à force de le regarder, on s'y habitue et on en arrive à le considérer, sinon comme joli, du moins comme très passable. La beauté, d'ailleurs, est fort discutée, et sur ce point, tout le monde n'est pas d'accord. Tel paysage, telle plante, tel animal, tel objet, qui semblent beaux à l'un sont laids pour l'autre ; le tout est affaire d'appréciation.

La beauté, l'harmonie, ne sont donc pas définies et je me permets d'avancer que la seule règle de la beauté consiste à ne pas choquer ce qu'on est habitué à voir, soit comme forme, soit comme couleur. Si le ciel était jaune, si les feuilles étaient rouges, si l'herbe était noire, si la terre était verte, et qu'on ait vu, de tout temps, le ciel, les feuilles, l'herbe et la terre sous ces différentes couleurs, croyez-vous que la beauté de la nature diminuerait dans notre appréciation ?

Il en est de même des formes. D'ailleurs, toutes les couleurs, toutes les formes, sont bien représentées dans la nature, il y en a de belles, il y en a de laides, mais l'ensemble nous en paraît parfait.

Que me parlez-vous d'un peintre, d'un décorateur ? Mais vous êtes comme ce savant de la fable qui voulait absolument trouver le moyen de faire tourner les tisons, le foyer, la maison elle-même autour de l'oison à rôtir. Ne vous apercevez-vous pas que le peintre ne fait que reproduire ce qu'il a vu ou ce qu'il conçoit, d'après les modèles que lui offre la nature ? Et que s'il se hasarde parfois à tracer sur la toile quelque chose d'anti-naturel, tout le monde s'accorde à lui crier que son œuvre est détestable ! Mais, vous renversez les rôles !

Un auteur chrétien, que Darwin embarrassait, est bien allé jusqu'à prétendre que les cartilages auditifs et nasaux de l'homme, — restes atrophiés, rudimentaires d'organes ayant appartenu aux espèces intermédiaires antérieures — que l'utilité ne nécessite pas d'une façon absolue et que le transformisme seul justifie, étaient des ornements créés par Dieu pour l'esthétique de la tête !

Supprimez par l'imagination ces prétendus ornements et lorsque vous y serez habitués, vous reconnaîtrez, en toute sincérité, que l'esthétique n'y perdra rien ! Un nez, des oreilles, qui dépassent la moyenne ou qui ne l'atteignent pas, nous semblent laids tout simplement parce qu'ils contrarient l'habitude, qui nous fait trouver beaux les nez et les oreilles moyens. Est-ce que l'âne, qui a de longues oreilles, et l'oiseau qui n'en a pas de visibles, ne nous semblent pas très bien comme ils sont ?

Ne nous arrêtons donc pas plus longtemps sur la prétendue beauté de l'univers, ni sur les doctrines plus ou moins erronées des déistes. Abordons la conception des matérialistes.

Ceux-ci, comme il est dit au commencement de ce chapitre, admettent une force universelle pour gouverner les choses mais ils la disent impersonnelle, inconsciente. Voici pourquoi :

Tout, dans l'univers, semble partir d'un unique principe : la vibration. La chaleur, la lumière, les couleurs, le mouvement, l'électricité, la pensée, ne sont que des effets directs ou se rattachant à cette cause. Or, la vibration, dût-elle s'exercer sur des molécules vivantes, est un principe matériel, impersonnel et inconscient. Le mouvement en général, la vie et tous les phénomènes de la nature, sont donc inconsciemment produits. Pourquoi cette vibration, qui semble le moteur universel, ne serait-elle pas elle-même un effet de ses propres effets, se transformant ou se modifiant d'elle-même nécessairement et successivement, en vertu d'une loi inconnue et inconnaissable, toute matérielle et de toute éternité, agissant en dehors de toute intervention divine ?

La poussière des nébuleuses donne naissance aux soleils, aux planètes. La poussière des soleils et des planètes donne naissance aux plantes, aux animaux, à l'homme ! Et nous-mêmes, ne donnons-nous pas naissance à des myriades d'êtres que la plupart du temps nous ignorons comme sans doute ils nous ignorent ? Est-ce que notre corps n'est pas un composé de molécules inertes et de millions d'atomes vivants, qui existent par nous et par qui nous existons, qui nous sont indispensables comme nous leur sommes indispensables, sans pour cela que nous soyons pour eux des maîtres et eux pour nous des valets ? Pourquoi n'en serait-il pas de même sur toute l'échelle de l'univers, depuis l'atome, que dis-je bien avant l'atome, — car ce que nous considérons physiquement comme indivisible est peut-être tout un monde, — jusqu'à l'infini ?

Un Dieu personnel et conscient, du reste, montrerait plus de souci de ses créatures. Si le Dieu qu'on nous préconise était vrai, il se serait manifesté et se manifesterait encore à l'humanité, autrement que sous les vagues et discutables formes d'un buisson ardent, de langues de feu, voire même d'un homme, et ce moins rarement. Les dernières manifestations de la Divinité ne se perdent-elles pas dans les brumes d'un passé de deux et quatre mille ans ?

Et puis, quand on songe un instant à la grandeur de l'espace, quand l'astronomie et la physique nous apprennent que la lumière, partie depuis le commencement des choses de certaines étoiles, avec une vitesse de près de cent mille lieues à la seconde, ne fait que nous arriver, quand on suppose, avec vraisemblance, que la plus grande partie de ces lointains luminaires ne nous montreront jamais la clarté de leurs rayons, on se demande comment un être qui a des milliards de mondes à gouverner, aurait bien pu s'attarder à créer spécialement, sur une petite planète qui se trouve être la terre, planète moyenne de notre système, un être dont l'espèce particulière n'est peut-être pas reproduite sur aucune autre planète de ce système ou des systèmes inconnus, un être qui n'est ni le plus grand, ni le plus fort, ni celui dont la vie a le plus de durée, un être assez imparfait sous beaucoup de rapports, un être, dis-je, destiné à l'aimer, le servir, s'il a le bonheur de connaître, ou condamné à souffrir éternellement, s'il ignore son existence.

Une telle conception de la Divinité n'est-elle pas une injure à cette Divinité même, en même temps que la plus colossale négation du bon sens et de la raison ?

On demandait à Newton de prouver l'existence de Dieu. Ce grand homme, plus mathématicien que philosophe, se découvrit simplement et montra le ciel étoilé. Bel et démonstratif argument ! Moi je vous dis qu'un coup d'œil jeté dans l'infini fournit la preuve la plus éclatante de la non existence de Dieu.

— Vous qui regardez dans le ciel, disait-on un jour à l'astronome Lalande, qu'y voyez-vous ? — Je vois, dit Lalande, de la matière et du mouvement. — Mais, en examinant le soleil, la lune, les étoiles, ne voyez-vous pas le créateur ?

— Je vois, répondit encore le savant, qu'il y a un soleil, une lune, des étoiles, et..... que vous êtes une bête !

Par respect pour les opinions sans doute respectables de mes lecteurs, je n'irai pas jusque-là, mais on me permettra de dire que seule, l'irréflexion et le respect de la routine sont capables de montrer un Dieu là où rien ne justifie ni n'exige sa présence.

Le déisme conduit aux religions.

Quand on croit en Dieu, on est amené progressivement à accepter les plus grosses sottises, comme par exemple l'absurdité de la résurrection de la chair au jour du jugement dernier.

Non, mais concevez-vous cet horrible méli-mélo de corps se reconstituant et reprenant dans des milliers d'autres corps, une partie de leur individu, introduite là en vertu de l'éternel mouvement de transmission vitale : de la terre aux plantes, des plantes aux animaux, des animaux à la terre. Mais aucune créature ne serait complète !

Le déisme conduit à une confiance irraisonnée en la direction spirituelle et souvent temporelle des ministres des cultes, il conduit à l'idiotie dangereuse de l'infaillibilité papale, à l'aveuglement de la foi qui inspire des immoralités comme les « Diaconales », qui fait prendre des chants lubriques comme le « Cantique des Cantiques », des psaumes licencieux comme ceux de David pour des hommages rendus à la pureté et à la vertu.

Le déisme conduit à l'asservissement, à l'obscurantisme, à l'anéantissement de l'être et de la raison, qui font approuver et désirer même les atrocités de la mutilation, de la mortification charnelle, qui imposent les imbécilités du jeûne et de la pénitence, quand souvent le nécessaire vous manque, et bien que vous n'ayez commis aucune mauvaise action, qui font accepter avec résignation, presque avec joie, tous les maux que font pleuvoir sur leurs victimes, les rois de l'or et de l'Eglise.

Quand l'instruction aura dessillé les yeux des peuples, quand la vérité se sera fait jour, quand le raisonnement aura terrassé la routine, les religions s'écrouleront sur leurs bases, les dogmes s'évanouiront, brouillards perfides couvant des germes mortels, le soleil, plus pur et régénérateur resplendira sur tous et pour tous, l'heure décisive aura sonné où les peuples enfin amis se tendront fraternellement la main, où le vice, la misère et les crimes qu'ils engendrent feront place à la vertu, à la prospérité, à l'amour et à la liberté !

Appelons de tous nos vœux, citoyens, cette ère nouvelle ; consacrons-lui nos efforts, notre vie ; la tâche est ardue, mais elle est noble, et la promesse est belle. Et si, parfois, le devoir nous semble dur à remplir, si en des heures indécises, la lassitude nous gagne, évoquons les morts ! Les leçons du passé nous montreront le chemin de l'avenir, les martyrs d'hier, frémissants encore et réclamant justice, feront rougir notre égoïsme, en nous désignant du doigt les générations futures. Par ces martyrs, par leur exemple, nous trouverons la force de poursuivre jusqu'au bout notre œuvre d'affranchissement, d'émancipation intellectuelle et physique.

Saint-Amand, 28 Mars 1903.

www.ingramcontent.com/pod-product-compliance
Lightning Source LLC
LaVergne TN
LVHW022203080426
835511LV00008B/1540